SUIVRE JÉSUS DE PRÈS

Cardinal Philippe Barbarin

SUIVRE JÉSUS DE PRÈS

Lettre Pastorale aux catholiques
du diocèse de Lyon

P*arole et* **S***ilence*
Desclée de Brouwer

Seules les citations du Père Chevrier sont en italiques

Photo de couverture: Antoine Riobé/SEDICOM LYON
Photos pages 28, 64, 65 et 66: Association des Prêtres du Prado

ISBN 2-84573-429-8
Desclée de Brouwer
ISBN 2-220-05752-6

Introduction

« Le disciple n'est pas au-dessus du maître. Mais celui qui est bien formé sera comme son maître » (Luc 6, 40).

Il y a vingt ans, le 4 octobre 1986, le Pape Jean-Paul II atterrissait à l'aéroport de Lyon Satolas, pour sa troisième visite pastorale en France. Au long de quatre journées inoubliables et particulièrement remplies, il s'est rendu à Lyon, Taizé, Paray-le-Monial, Dardilly, Ars et Annecy. Il a présidé de grandes célébrations, enseigné la foi, rencontré les foules, échangé avec des groupes et des personnes, et accompli plusieurs actes symboliques, comme le fait de débuter la visite par une prière œcuménique à l'amphithéâtre des Trois Gaules. De nombreux discours ont été échangés et méritent d'être relus[1].

C'est à ce moment-là que j'ai découvert la ville et le diocèse de Lyon, où l'Église me demande de servir, depuis quatre ans maintenant. Avec un

1. Voir *La Documentation Catholique* (*Doc. Cath.*), 2 novembre 1986, n° 1927.

groupe de jeunes, nous avions fait étape le samedi soir à La Bénisson Dieu, dans le Roannais, pour participer à la Messe du dimanche matin à Paray-le-Monial, avant de rejoindre à Lyon, le soir, le peuple des jeunes qui s'était rassemblé pour vivre, avec le Pape, la rencontre fort impressionnante de Gerland ! Le lendemain, j'ai eu la joie de prendre part à la journée de récollection qui réunissait à Ars tous les évêques et les séminaristes de France, avec plusieurs milliers de prêtres. Avant que le Saint Père ne nous guide dans la prière, nous avons eu un temps de partage et, parmi les témoignages, celui de Mgr Marius Maziers, ancien archevêque de Bordeaux, m'a particulièrement touché. Comme j'étais alors vicaire dans une « Paroisse saint François de Sales », j'avais demandé à rester, le mardi 7 octobre, à Annecy où la Messe a été célébrée au bord du lac, sous un soleil radieux. Dans l'action de grâce, nous avons évoqué la douce figure de l'intrépide Apôtre du Chablais. De la personnalité du saint patron des évêques émane beaucoup de lumière et de douceur.

C'est peut-être la Messe à Eurexpo, avec la béatification du P. Chevrier, le samedi après-midi, qui rassembla le plus de monde autour du Saint Père. Le 4 octobre, la liturgie de l'Église catholique célèbre la fête de saint François, un saint universellement connu et aimé pour sa joie, son attachement à la pauvreté, son ardeur à annoncer l'Évangile à toute créature. Le P. Antoine Chevrier, marqué comme bien d'autres par le pauvre d'Assise, avait choisi d'être « tertiaire de saint François ». Clin d'œil de la Providence ! Sa béatification a été célébrée ce jour-là, à quelques kilomètres des lieux de La Guillotière où il avait exercé l'essentiel de son ministère auprès des plus pauvres.

En parcourant l'album des photos, on voit souvent le visage du cardinal Albert Decourtray qui nous a quittés à l'automne 1994, et bien d'autres que j'ai appris à connaître depuis mon arrivée à Lyon : des prêtres, des laïcs, et aussi des responsables religieux qui, vingt ans plus tard, exercent la même responsabilité qu'alors. Ainsi, le P. Athanase Iskos, prêtre orthodoxe, Mgr Norvan Zakarian, l'évêque arménien de Lyon qui accueillit le Pape au nom de tous les frères chrétiens à l'amphithéâtre des Trois Gaules, et le Grand Rabbin Richard Wertenschlag. Plusieurs d'entre vous m'ont décrit ces journées inoubliables, leur préparation, leur déroulement. Des mille détails amusants qu'on aime bien raconter, ressort surtout la grande joie qu'elles ont donnée aux organisateurs comme aux foules qui y ont participé.

L'occasion de cette Lettre Pastorale est double : le vingtième anniversaire du voyage de Jean-Paul II dans notre région et le cent cinquantième de la grâce reçue par le P. Antoine Chevrier, dans la nuit de Noël 1856. Pour commémorer cela, d'octobre à Noël 2006, j'ai demandé l'aide et les suggestions de la famille du Prado que je tiens à remercier ici. Mon but est surtout d'attirer l'attention sur la personne de ce Bienheureux, encore trop peu connu, à mon avis, même dans le diocèse de Lyon.

Cette Lettre comporte deux grandes parties : la première (chapitres I à IV) a pour but de présenter le P. Chevrier au cœur de l'histoire de notre diocèse ; et la seconde (chapitres V à X) les aspects essentiels de son message.

Dans la première partie :

I. Nous partirons de l'amphithéâtre des Trois Gaules pour parcourir à grandes enjambées l'histoire du diocèse et rendre grâce à Dieu d'un tel héritage spirituel.
II. Ensuite, nous nous arrêterons sur « l'Année de la Mission » que nous venons de vivre en 2005-2006.
III. Puis je tournerai notre attention vers la figure du P. Antoine Chevrier.
IV. Et je présenterai quelques propositions à vivre ensemble cet automne, dans le diocèse.

Dans la deuxième partie, parmi les points qui tenaient à cœur au P. Chevrier, j'en choisirai quelques-uns qui sont importants, tant pour notre vie spirituelle que pour la mission de l'Église diocésaine :

V. L'amour de l'Évangile.
VI. La décision de suivre le Christ de près.
VII. La détermination à servir les pauvres.
VIII. Le souci de la formation des prêtres
IX. L'amour de l'Église.
X. La passion pour la catéchèse.

« La connaissance de Jésus Christ est la clé de tout. Connaître Dieu et son Christ, c'est là tout l'homme, tout le prêtre, tout le saint. »

P. Chevrier

Première Partie

I

Dans l'histoire du diocèse de Lyon

« La gloire de Dieu, c'est l'homme vivant.
Mais la vie de l'homme, c'est de voir Dieu »
Saint Irénée.

Quel panorama nous offre cette histoire, depuis l'amphithéâtre des Trois Gaules où plus de quarante membres de la première communauté chrétienne implantée en notre pays ont versé leur sang pour rendre témoignage au Christ[1] ! Juste après Blandine, Pothin ou Alexandre, vient la figure de saint Irénée, le second évêque de la ville. Son œuvre brille d'un éclat particulier; tel un acte de naissance de la théologie chrétienne, elle montre la splendeur de la Révélation dans le foisonnement des gnoses et des hérésies. Comme ces difficultés ressurgissent à toute époque, son message n'a rien perdu de son actualité. Les saints et les martyrs des premiers siècles sont encore sur nos lèvres, puisque bien des églises, des rues ou des localités portent leurs noms: saint Irénée, saint Just, saint Eucher, saint Nizier…

1. *Les Martyrs de Lyon en 177*, Lettre des chrétiens de Vienne et de Lyon à leurs frères d'Asie et de Phrygie transmise par Eusèbe de Césarée, in *Église à Lyon* (6, av. A. Max, 69005 Lyon).

Au XIIIe siècle, deux conciles œcuméniques ont eu lieu dans la ville ; ils ont cherché à refaire l'unité brisée entre les Églises d'Orient et d'Occident. Les noms illustres de saint Thomas d'Aquin et de saint Bonaventure sont liés au second, puisqu'ils meurent en s'y rendant ou en y prenant part, en 1274. Sur la colline de Fourvière, dès les XIIe-XIIIe siècles, un sanctuaire avait déjà été édifié en l'honneur de Marie. Maintes fois reconstruit, il reste encore aujourd'hui particulièrement cher au cœur des Lyonnais. Le 12 mars 1643, au cours d'une épidémie de peste, les échevins de la ville formulèrent un vœu : si la maladie disparaissait, ils s'engageaient à monter chaque année avec les paroisses pour offrir un écu d'or et des cierges à la Vierge Marie. Cette tradition demeure : la Messe du 8 septembre à la Basilique est un grand moment de rencontre entre la communauté catholique et la ville de Lyon.

Le XVIIe est un siècle d'une extraordinaire fécondité spirituelle pour toute la France. La ville où est mort saint François de Sales garde la mémoire de ses nombreux passages. Le diocèse voit la fondation du Séminaire saint Irénée, où les Pères de la Compagnie de saint Sulpice ont servi pendant près de quatre siècles. Même si ce séminaire a dû maintes fois changer d'emplacement, il reste toujours le lieu de la formation des futurs prêtres de notre Province. La Compagnie de Jésus ouvre des collèges et connaît un grand rayonnement tant dans le domaine pédagogique, que sur le plan intellectuel, spirituel et théologique. Elle vit, en 2006, une année de « jubilé ignatien », pour faire mémoire de ses origines. Que de Jésuites, jusqu'à l'époque actuelle, ont marqué l'Église de Lyon !

Pendant la Révolution, il fallait faire face à une situation de violence et savoir s'organiser. Alors que l'Archevêque, Mgr de Marbeuf, et les prêtres réfractaires étaient obligés de se cacher, l'Abbé Linsolas, avec le soutien massif de toute la population, avait organisé un extraordinaire réseau où, dans chaque canton et chaque village, des chefs laïcs assuraient la sécurité des prêtres de passage et veillaient à l'organisation du culte[2].

Au XIXe siècle, un élan spirituel incroyable reconstruit l'Église : des Instituts chassés par la Terreur reviennent, d'autres, comme les Frères des Écoles Chrétiennes, s'implantent. Des fondations de toutes sortes apparaissent : les prêtres de saint Irénée pour le renouveau du clergé lyonnais, les différentes branches de la famille mariste, des congrégations missionnaires masculines et féminines qui envoient des messagers de l'Évangile dans le monde

---

2. Cf. Jacques Gadille, *Histoire des diocèses de France, Lyon*, Beauchesne, Paris, n° 16, pp. 202-203.

entier. La naissance du catholicisme social avec des personnalités aussi exceptionnelles que Frédéric Ozanam, Camille Rambaud et, plus tard, Gabriel Rosset, le fondateur de « Notre-Dame des sans-abri », feront école bien au-delà de notre diocèse. Enfin, la figure inégalable de Pauline Jaricot rayonne au-delà des mers ; toute jeune encore, elle se bat ardemment sur tous les fronts à la fois. Elle dénonce l'injuste situation des ouvriers et entreprend de réformer la vie des entreprises. Elle fonde l'œuvre de la Propagation de la Foi et lance les équipes du Rosaire vivant. Ces initiatives se sont rapidement répandues dans le monde entier[3].

Puis au XXe siècle, naissent et grandissent à Lyon des figures comme Henri Caffarel et Henri Grouès, « l'Abbé Pierre ». Le premier fondera les Équipes Notre-Dame et bien d'autres mouvements. On l'a appelé « prophète » du sacrement de mariage. Et toute la France connaît le second qui, depuis plus de cinquante ans, fait entendre le cri de détresse des pauvres, et en particulier des mal-logés. Après la Révolution russe, l'arrivée des réfugiés orthodoxes avec, comme seul bagage, leurs icônes, bouleverse l'abbé Paul Couturier qui essaie d'atténuer leur misère. Il crie que la division des chrétiens est un « intolérable scandale ». C'est alors

---

3. On trouvera sur le site Internet du diocèse un fascicule intitulé *Un feu, de Lyon au bout du monde.* Visages lyonnais de sainteté au temps de Pauline Jaricot, par Odile Robert, août 2006.

que prend forme le projet de la « Semaine d'universelle prière pour l'unité des chrétiens », du 18 au 25 janvier. Cette intention si chère au cœur du Seigneur – on le voit dans sa prière avant la Passion[4] – nous donne presque de vivre ces journées comme une « seconde Semaine sainte ».

Il faudrait aussi évoquer l'épreuve de la guerre de 1939-1945 et la naissance d'une grande amitié avec les Juifs, tant l'événement de la Shoah nous a tous horrifiés. Les travaux théologiques si féconds du P. Henri de Lubac et de ceux qui l'entourent au scolasticat de Fourvière donnent naissance à la collection « Sources Chrétiennes » et rayonnent dans le monde entier. Puis, le renouveau liturgique et catéchétique, le souffle du Concile Vatican II renouvellent notre manière de vivre ensemble, dans les paroisses et au niveau du diocèse. L'apparition de la communauté musulmane et la construction de la grande Mosquée de Lyon, vivement encouragée par le cardinal Renard, ont ravivé en nous le désir de garder un souci de dialogue et de respect entre les religions et les différents courants de pensée, car la paix sociale est un bien précieux et fragile. C'est dans cet esprit que nous avons accueilli avec joie à Lyon, en septembre 2005, la XIXe rencontre internationale organisée par la communauté Sant'Egidio, où toutes les religions ont une nouvelle

4. Jean 17, 21-23.

fois manifesté ensemble leur désir de prier et d'œuvrer pour la paix.

Le trouble qui fragilise la société et toutes ses institutions depuis mai 1968 n'a pas épargné l'Église. Pourtant, c'est dans la Presqu'île de Lyon qu'ont commencé les premiers groupes de prière du Renouveau, en 1971. Même si alors ils n'ont pas été bien reçus, ils ont conduit à une redécouverte de l'Esprit Saint et insufflé un nouvel élan à la prière. De façon inattendue, des congrégations et des communautés nouvelles sont nées à Lyon, comme la Communauté du Chemin Neuf, ou sont venues s'y installer. Le diocèse a été marqué par la naissance de Radio Fourvière qui s'est étendue à travers toute la France et au-delà, et il se réjouit de l'impressionnante croissance du réseau des Radios Chrétiennes en France (RCF).

À la demande de l'Église, ont été érigés de nombreux conseils qui créent dans notre vie diocésaine un esprit de coresponsabilité. Le synode qui s'est achevé en 1993 a permis de ressaisir tout le chemin parcouru depuis le Concile Vatican II et de donner des orientations pour l'avenir. Ensuite est venue l'épreuve des décès rapprochés de mes trois prédécesseurs, le cardinal Decourtray dont la personnalité si riche, vive et spirituelle a beaucoup impressionné, et les cardinaux Balland et Billé qui se sont plongés dans leur mission avant d'être brusquement arrêtés par l'épreuve de la maladie, où ils ont fait l'admiration de tous.

Et aujourd'hui, comment va l'Église de Lyon[5] ? Nous serions bien en mal de répondre à cette question. Laissons-la au regard et à la miséricorde de Dieu. Notre Église me semble aujourd'hui plus ébranlée dans son espérance que par les conflits ou les contestations des décennies précédentes. On peut faire des considérations sur les « chiffres à la baisse », concernant les vocations ou la pratique religieuse des catholiques… Les statistiques ne manquent pas. On peut à l'inverse évoquer des merveilles, comme l'engagement et la responsabilité de tant de laïcs dans la mission de l'Église ou le nombre croissant des adultes et des jeunes qui demandent le baptême chaque année. Leur élan intérieur et leur détermination nous donnent une grande joie. En regardant ces dernières décennies, il faut aussi mentionner l'apparition d'une fraternité de diacres : elle compte aujourd'hui une cinquantaine de membres. Tout cela a modifié le visage de notre communauté diocésaine. N'oublions pas non plus les initiatives lancées par

5. Paul VI avait posé cette belle question à toute l'Église dans son exhortation sur l'évangélisation, au terme de l'Année sainte 1975 : « Qu'en est-il de l'Église dix ans après le Concile ? Est-elle ancrée au cœur du monde et pourtant assez libre et indépendante pour s'adresser au monde ? Fait-elle preuve de solidarité avec les hommes et témoigne-t-elle en même temps de l'Absolu de Dieu ? Est-elle de plus en plus ardente dans la contemplation et l'adoration, et plus zélée dans l'action missionnaire, caritative, libératrice ?… » (*Evangelii Nuntiandi*, n° 76).

et pour les jeunes, dans le souffle des Journées Mondiales de la Jeunesse (JMJ) ou des rassemblements européens de Taizé…

Tout en restant lucides sur la difficulté d'annoncer l'Évangile aujourd'hui, nous n'avons pas à faire de bilan. Notre vocation n'est pas de réussir ni d'être « performants », mais d'être des saints. Nous avons le droit d'être ingénieux, de lancer de nouveaux projets, mais la question essentielle qui nous est posée n'est ni quantitative, ni de l'ordre du visible. Elle est d'une autre nature : y a-t-il de l'amour dans notre Église ? Trouve-t-on en elle ce feu qui brûle sans consumer, qui donne lumière, chaleur et joie à ceux qui l'approchent ? Sommes-nous réceptifs aux dons qui nous arrivent de Dieu, des autres et des événements ? Et nous, disciples de Jésus, quel amour offrons-nous aux autres ? Nous savons bien que c'est la seule chose qui compte. Saint Augustin l'exprime dans une de ces formules merveilleuses dont il a le secret : « *Amor meus, pondus meus* » (qu'on pourrait traduire par : « Notre vie vaut son poids d'amour »). Et saint Jean de la Croix, dans le droit fil de l'enseignement de Jésus, écrit : « Au soir de notre vie, nous serons jugés sur l'amour. »

> « *Celui qui a trouvé Jésus a trouvé le plus grand trésor. Le reste n'est rien… Il a trouvé la sagesse, la lumière, la vie la paix, la joie…* »
>
> P. Chevrier

II

Après l'Année de la Mission

> « Vous allez recevoir une force,
> celle de l'Esprit Saint qui descendra sur vous.
> Vous serez mes témoins… jusqu'aux
> confins de la terre » (Actes 1, 8).

D'octobre 2005 à juillet 2006, nous avons vécu une « Année de la Mission » qui faisait suite à « l'Année de l'Eucharistie », lancée par le pape Jean-Paul II. Il y avait là quelque chose de hautement symbolique, puisque le dernier mot de la célébration eucharistique, c'est justement *Missa* qui vient du verbe *envoyer* en latin : la « Messe » est vraiment un envoi en mission. Durant la Semaine missionnaire mondiale, tandis que se tenait à Rome le Synode sur l'Eucharistie, nous lancions, à Lyon, notre « Année de la Mission ».

D'une certaine manière, elle avait commencé quelques mois plus tôt, pour la fête de l'Ascension, avec l'inauguration de la Maison rénovée de Pauline Jaricot. À cette occasion, venus du monde entier, les responsables nationaux de la Coopération missionnaire avaient décidé de tenir à Lyon leur réunion annuelle. Les autorités civiles avaient participé au très bel hommage rendu à Pauline, en présence du cardinal Sepe, alors Préfet de la Congrégation pour l'évangélisation des peuples, et du cardinal indien, Ivan Dias, qui allait devenir son successeur. Édifiée sur la colline, entre la Primatiale saint Jean et la Basilique de Fourvière, la « Maison de Pauline » est un lieu marquant. Une restauration de grande qualité permet d'y retrouver la trace de chaque époque et de voir en elle un lieu de prière, de réflexion et de pèlerinage, un vrai sanctuaire de la mission universelle. Tous les visiteurs, pèlerins ou acteurs de la mission, y sont accueillis avec attention, et je suis heureux de savoir qu'on y conduit beaucoup de groupes de jeunes, et que des adultes, des familles et des communautés s'y rendent en nombre.

L'occasion de cette « Année de la Mission » était la célébration du cinquantième anniversaire du jumelage entre Koupéla et Lyon, et celle du cent cinquantième anniversaire de la fondation des Missions africaines de Lyon[1]. Parmi les

1. La naissance du diocèse de Koupéla fut un événement significatif: le cardinal Gerlier partit en juillet 1956 consacrer le premier évêque africain d'Afrique de l'Ouest, Mgr Dieudonné Yougbaré (il a aujourd'hui près de 90 ans) que le Pape Pie XII venait de nommer pasteur du nouveau diocèse de Koupéla. Le cardinal décida alors d'établir un jumelage entre Lyon et Koupéla. On m'a dit que c'était le plus ancien jumelage interdiocésain au monde.

temps forts, on peut rappeler le voyage d'une délégation lyonnaise au Burkina Faso en janvier, les prédications de Carême à la Basilique Notre-Dame de Fourvière, consacrées chaque dimanche à l'un des cinq continents[2], l'évocation du dixième anniversaire de la mort des moines de Tibhirine, le mardi saint, les retraites sacerdotales prêchées cette année par trois prêtres africains, le cinquième centenaire de la naissance de saint François Xavier.

Nous avons vécu le point culminant de ce parcours au moment de la Pentecôte avec des délégations de Koupéla et d'Antélias au Liban, autre diocèse jumelé avec Lyon. Pendant une dizaine de jours, nous avons accueilli les reliques de sainte Thérèse, qui est avec François Xavier la patronne universelle des missions.

Mgr Melchior de Marion Brésillac, revenu d'une mission qu'il n'avait pas pu poursuivre en Inde, fonda la société des Missions africaines, avec quelques frères, le 8 décembre 1856, à Fourvière. Le cardinal Gantin, avant de quitter l'Europe, après plus de trente ans de service auprès du Saint Père a tenu à venir à Lyon, pour prier longuement dans la basilique de Fourvière. Il m'expliquait : « C'est là que le Seigneur a donné la grâce de la fondation des Missions Africaines. De très nombreux jeunes prêtres sont morts de la fièvre jaune ou de la malaria avant d'avoir atteint le but de leur voyage, mais cela n'a pas découragé les suivants. Deux ans plus tard, les premiers missionnaires débarquaient sur les plages de Ouidah… et c'est pour cela que je suis chrétien ! »

2. *La Mission*, Conférences de Carême de Fourvière, ouvrage collectif, Parole et Silence, 2006.

Alors se sont succédé en quelques jours le jubilé des évêques et des religieux pour la fête de la Visitation, jour où l'Église chante le *Magnificat* avec Marie, une célébration à Roanne qui a rassemblé toutes les paroisses de l'archidiaconé Notre-Dame autour de Mgr Séraphin Rouamba, archevêque de Koupéla, une belle fête africaine pour célébrer les cinquante ans de notre jumelage, la confirmation des adultes, l'ordination de deux diacres et de trois prêtres... Quelques jours plus tard, les prêtres jubilaires se rassemblaient aussi, comme chaque année, pour rendre grâce à Dieu. Fin juin, les Missions africaines de Lyon associaient des millions de fidèles à leur joie par la célébration de la Messe télévisée à Fourvière ; Mgr Sarah, qui était déjà venu de Rome pour le dimanche de Carême consacré à l'Afrique, en assurait l'homélie.

Le plus impressionnant pour moi fut de voir notre diocèse se plonger dans les *Actes des Apôtres*. Certaines paroisses ont connu jusqu'à vingt groupes de travail sur ce livre, au long de l'année. Lors de la célébration à Roanne, le soir du 1er juin, chaque groupe venait apporter une grande page à insérer dans un livre diocésain : *Les Actes de 2006*. Après ce qu'on a appelé « l'opération Évangile » du 8 décembre 2004, une formule s'est répandue : « Passons aux Actes ». Et aujourd'hui, le service diocésain de la Coopération missionnaire collecte dans un volume de plus de deux cents pages le fruit de ce travail biblique et pastoral[3].

Cependant, le rayonnement missionnaire de Lyon ne s'arrête pas à l'Afrique. L'évangélisation de l'Océanie doit beaucoup aux Lyonnais, très nombreux dans les communautés maristes auxquelles l'Église avait demandé de porter l'Évangile aux antipodes. En juillet, j'ai fait avec un groupe d'une trentaine de pèlerins un voyage où tout était nouveau pour moi. En Nouvelle Zélande, nous nous sommes aperçus que l'on gardait une grande vénération pour deux prêtres nés à Lyon au début du XIXe siècle : Mgr Jean-Baptiste Pompallier, le premier évêque du Pacifique, et Mgr Philippe Viard à qui fut confié le diocèse de Wellington, créé quelques années plus tard.

Dans cette œuvre audacieuse, les femmes tiennent une place capitale. Nommons Euphrasie Barbier qui envoya en Nouvelle Zélande un grand nombre des sœurs de la Congrégation de Notre Dame des Missions qu'elle avait fondée à Fourvière à Noël 1861, Marie Françoise Perroton (1796-1873) qui quitta Lyon à près de 50 ans pour évangéliser l'Océanie, s'installa à Wallis et Futuna, et fonda les Sœurs maristes. Il faut

3. Disponible à la Coopération missionnaire (6, av. Adolphe Max, 69005 Lyon).

surtout évoquer Suzanne Aubert, un peu oubliée chez nous, mais toujours vénérée en Nouvelle Zélande. Née à Lay, près de Roanne en 1835, fidèle de la paroisse saint Nizier à Lyon, conseillée par le curé d'Ars, elle est partie contre la volonté de ses proches rejoindre Mgr Pompallier. Avec une énergie impressionnante, elle se consacra à la défense des populations maories, et fonda pour elles les Sœurs de la Compassion. Elle est la seule femme du pays à avoir eu des funérailles nationales à sa mort, en 1926. Elle avait plus de quatre-vingt-dix ans. Dans ce pays qui se déclare laïc comme le nôtre, on avait admiré l'exemple de cette servante oublieuse d'elle-même et acharnée à défendre les plus méprisés[4].

---

4. Jessie Munroe, *Suzanne Aubert* (1835-1926), trad. du Fr. Gabriel Michel (en cours d'édition).

Claude Rozier, *Marie-Françoise Perroton, une figure de proue de la mission mariste en Océanie,* éd. Osmondes, Paris, 1997, 192 p.

Marie-Cécile de Mijolla, sm, *Une Lyonnaise, Marie Françoise Perroton (1796-1873), Missionnaire en Océanie,* Rome, 1997.

III

La figure du P. Antoine Chevrier (1826-1879)

« *Jésus Christ nous appelle à devenir de véritables disciples* » P. Chevrier.

La joie donnée par cette « Année de la Mission », et en particulier par la redécouverte du livre des *Actes des Apôtres,* a conduit de nombreux diocésains à demander: « Et pour l'année qui vient, quel sera le thème? ». Je ne suis pas sûr qu'il en faille un chaque année. Mais ces derniers mois de 2006 me semblent un bon moment pour inviter la communauté diocésaine à tourner son regard vers le fondateur du Prado.

C'est l'objet principal de cette Lettre pastorale. Antoine Chevrier est une figure très parlante et son message rejoint bon nombre de nos préoccupations actuelles. On peut constater d'ailleurs que son charisme se répand discrètement dans le monde entier. J'évoquerai plus loin la Chine, mais je peux témoigner du développement, plus profond que rapide, des communautés du Prado à

Madagascar. Dans ce pays où s'engager dans la vie religieuse ou le sacerdoce signifie parfois sortir de la misère, l'esprit de pauvreté du P. Chevrier aide les consacrés qui accèdent à une vie digne à rester pauvres, en gardant des cœurs de serviteur et en vivant leur vocation dans un esprit vraiment évangélique. Car pour eux – et pour nous, plus encore peut-être – le risque est grand de se laisser prendre au piège du matérialisme ou de la vie confortable.

À Lyon pourtant, le P. Chevrier n'est pas tellement connu, pas assez à mon avis. Et nous pourrions profiter de la belle circonstance de cet automne pour réveiller sa mémoire chez les adultes et présenter sa figure aux jeunes générations. Faire connaître le Bienheureux Antoine Chevrier, d'autres l'ont fait ou le feraient mieux que moi. Je recommande volontiers à tous de lire un ouvrage qui le présente. Entre le simple fascicule et le livre savant, chacun trouvera ce qui lui convient[1]. Mais j'ai plaisir à essayer d'exprimer ce qui me marque dans sa vie, et comment, grâce à lui, nous pouvons avoir le désir de mieux accomplir notre mission, d'entrer plus profondément dans notre vocation de témoins du Christ et de messagers de l'Évangile.

1. Voir Indications bibliographiques, p. 137.

Antoine Chevrier est né à Lyon le dimanche de Pâques, 16 avril 1826 (à un an près, c'était exactement 100 ans avant Benoît XVI, né au matin du samedi saint !). Il grandit dans un monde en tumulte, connaît la révolte des canuts dans son enfance et voit la révolution de 1848, tandis qu'il est au Séminaire. Ordonné prêtre le 25 mai 1850 par le cardinal de Bonald, il est nommé à la paroisse saint André de la Guillotière. Il prononce son premier sermon sur Marie pour la fête de l'Immaculée, le 8 décembre de la même année : « *Vierge sainte, c'est la première fois que j'annonce vos louanges et je suis heureux de parler du privilège qui fait votre plus grande gloire. Mais… il faut que vous veniez à mon aide… Faites comprendre aux justes le prix de la grâce qu'ils possèdent, afin qu'ils travaillent à la conserver. Faites comprendre aux pécheurs le prix de la grâce qu'ils n'ont pas, afin qu'ils travaillent à l'acquérir. C'est la grâce que nous vous demandons*[2]. »

En mai 1856, les crues du Rhône entraînent des inondations qui deviennent pour certains quartiers de Lyon, comme la Guillotière, une véritable catastrophe. Antoine Chevrier se montre courageux devant les dangers et infatigable pour secourir les victimes. Y a-t-il un lien secret entre cette épreuve et l'événement spirituel qui changera

2. Antoine Chevrier, *Écrits spirituels*, choisis et présentés par le P. Yves Musset, Le Cerf, Paris, 2005, p. 111.

complètement sa vie, dans la nuit de Noël 1856? Nul ne peut le dire, mais tout le monde y pense.

Le témoignage de l'un des premiers prêtres du Prado, Jean-Marie Laffay, révèle ce qui s'est passé en cette circonstance: « C'est en méditant sur l'Incarnation devant la crèche de l'Enfant Jésus qu'il s'est décidé à se donner à Dieu: "*Je me disais: Le Fils de Dieu est descendu sur la terre pour sauver les hommes et convertir les pécheurs. Et cependant que voyons-nous? Que de pécheurs il y a dans le monde! Les hommes continuent à se damner! Alors je me suis décidé à suivre Notre-Seigneur Jésus Christ de plus près pour me rendre plus capable de travailler efficacement au salut des âmes, et mon désir est que vous-mêmes suiviez aussi Notre-Seigneur de près*"[3] ». Pour le P. Chevrier, tout bascule à ce moment-là: « *Ma vie fut désormais fixée.* » Il disait aussi: « *C'est le mystère de l'Incarnation qui m'a converti.* » Ou encore: « *C'est en méditant dans la nuit de Noël sur la pauvreté de Notre-Seigneur et son abaissement parmi les hommes que j'ai résolu de tout quitter et de vivre le plus pauvrement possible*[4]. »

Qu'on ne laisse pas dire que le P. Chevrier, jusqu'à Noël 1856, était un prêtre médiocre, accomplissant sa mission sans ferveur. Non, déjà au séminaire, il avait exprimé le désir de partir

3. *Antoine Chevrier, Le Chemin du disciple et de l'apôtre,* présentation de Y. Musset, Préface de Robert Daviaud, Parole et Silence, 2004, p. 19.
4. *Ibid.*, p. 19.

comme missionnaire en Extrême-Orient, et les événements du printemps avaient prouvé son attention aux situations de détresse, sa générosité et son esprit de service. En janvier 1857, il va consulter saint Jean-Marie Vianney qui l'encourage et l'exhorte à s'abandonner à la Providence[5]. L'exemple de ce prêtre pauvre et ardent le touche : « *Combien était beau et édifiant le pauvre curé d'Ars, traversant la place avec son pot de soupe et mangeant sa soupe en allant voir son malade*[6] *!* »

On a le sentiment que tout l'élan missionnaire du P. Chevrier part de la grâce de Noël 1856. Il comprend qu'il faut aller au-devant de ceux auxquels on ne fait pas assez attention. Un siècle et demi plus tard, ses expressions n'ont rien perdu de leur vigueur et de leur pertinence : « *Il faut instruire les ignorants, évangéliser les pauvres… C'est notre lot. Aller aux pauvres, parler du Royaume de Dieu aux ouvriers, aux humbles, aux petits, aux délaissés à tous ceux qui souffrent. Oh ! que nous est-il permis d'aller comme Notre Seigneur, comme les Apôtres, "dans les lieux publics et les maisons" (Actes 20, 20), sur les places, dans les usines, dans les familles, porter la foi, prêcher l'Évangile, catéchiser, faire connaître Notre Seigneur*[7]. »

5. Cf. Jean-François Six, *Un prêtre, Antoine Chevrier, fondateur du Prado*, Seuil, Paris, 1965, p. 127.
6. *Le Véritable Disciple*, Prado Éditions Librairie (éd. P.E.L.), Lyon, 1968, p. 189.
7. Cité dans Antoine Chevrier, *Écrits spirituels*, choisis et présentés par Y. Musset, Le Cerf, 2005, p. 57.

Le P. Chevrier se lance donc dans une grande aventure missionnaire que je n'ai pas à décrire ici en détail. Elle l'amène à collaborer avec des laïcs remarquables, comme Camille Rambaud et l'équipe qui l'entoure (Pierre Louat, Amélie Visignat, Marie Boisson), dans des initiatives qui s'appellent « la Cité de l'Enfant-Jésus », et « l'Œuvre de la première communion ». L'expérience l'aide à comprendre que dans les œuvres sociales, il faut beaucoup de lucidité et une grande énergie pour garder une orientation clairement spirituelle : « *Quand Notre Seigneur envoie ses apôtres, il ne les envoie pas pour s'occuper du monde, travailler, bâtir, faire le commerce ; mais il les envoie pour prêcher et guérir. Voilà les deux grandes missions que Jésus Christ leur confie : prêcher et guérir. Je vous envoie comme mon Père m'a envoyé*[8]. »

En 1859, il entre dans le tiers ordre franciscain. Saint François d'Assise qui « *quitte tout pour se faire le vrai pauvre de Jésus Christ dans le monde*[9] » est pour lui un modèle. C'est l'exemple de ce qu'il désire le plus, la pauvreté et le rayonnement : « *Il courait les pieds nus et un sac sur le dos (...) et cependant que d'âmes il attirait à lui*[10] *!* » Aux dires des témoins, le P. Chevrier rayonnait la joie malgré le caractère apparemment austère de sa doctrine.

---

8. *Le Véritable Disciple*, op. cit., p. 304.
9. *Ibid.*, p. 126.
10. *Ibid.*, p. 297.

En pensant à bien des figures, depuis Pierre Valdo, ce riche marchand lyonnais qui, peu avant saint François, avait entendu l'appel radical à prêcher l'Évangile et à vivre la pauvreté, jusqu'à l'Abbé Pierre et au P. Ancel qui a tant fait pour développer le Prado dans la seconde moitié du XXe siècle, je me demande s'il n'y a pas là une caractéristique récurrente de la bourgeoisie lyonnaise. Tout en ayant l'esprit d'entreprise et le goût de la réussite, elle a cultivé la sobriété, la fuite du superficiel et du clinquant et a vu nombre de ses enfants choisir la pauvreté et le service des autres, à presque toutes les époques.

Le 10 décembre 1860, le P. Chevrier loue une ancienne salle de bal au lieu-dit du Prado, qu'il réussira à acheter peu après. « *Il y avait plus d'un an que je regardais ce lieu avec convoitise*, écrit-il, *pour en faire un lieu de prière et de conversion pour les pécheurs, mais quelle témérité ! Un local si vaste, un loyer si cher… Nous prîmes possession de ce lieu pour y établir l'œuvre des premières communions. Nous n'avions que la pauvreté pour partager : une grande salle de cinquante mètres de longueur, un papier peint tendu pour cacher la toiture, pas d'ameublement*[11]. » On commence à y accueillir des enfants pauvres. Le nom du premier, Pierre Pacalet, mérite d'être retenu. Le P. Chevrier le rencontra un jour, dévorant à belles dents des écorces de melon trouvées

11. Antoine Chevrier, *Écrits spirituels*, Le Cerf, Paris, 2005, pp. 65-66.

dans un tas de balayures en pleine rue. Il en eut pitié et comprit que la Providence le mettait sur son chemin pour qu'il devienne la première pierre de l'édifice qu'il avait le projet de construire. Cet enfant handicapé mental fit sa première communion au Prado dont il aimait à se dire « le pilier »[12].

On aménage une chapelle. Les jeunes vont affluer et les activités se multiplier rapidement… « Aidé de quelques jeunes gens et jeunes filles, qu'on appelle des "frères" et des "sœurs", il prend avec lui, pour une durée de six mois, des enfants et des jeunes issus du prolétariat, afin d'essayer d'en faire "*des hommes et des chrétiens*"[13]. » En 1866, il ouvre au Prado, une école permettant à des jeunes de milieux défavorisés de se former en vue de devenir prêtres. C'est pour eux surtout qu'il se lancera dans la rédaction de ce livre qui ne sera jamais vraiment achevé, *Le prêtre selon l'Évangile ou Le Véritable Disciple de notre Seigneur Jésus Christ*, le *V.D.*, tel qu'on l'appelle dans la famille du Prado, où il demeure la charte de base, le texte fondateur.

Comme si son travail au Prado n'était pas suffisant, son amour des pauvres lui fait accepter, en outre, sur le territoire de la commune de Vénissieux, dépendant alors du diocèse de Grenoble, la charge de créer une nouvelle paroisse dans le quartier délaissé du Moulin-à-Vent. Même

12. Procès de béatification, Vol. 2, déposition du P. Jean-Marie Laffay, art. 63.

13. Antoine Chevrier, *Écrits spirituels*, op.cit., p. 8.

si le travail pastoral y était le plus souvent exercé par l'un de ses collaborateurs, il en fut de fait le premier curé, de 1867 à 1871.

Il se dépense sans relâche, bien au-delà de ses forces, et il le reconnaît : « *Je me suis tué à l'œuvre…* ». C'est admirable, mais on frémit en lisant la suite de la phrase : « … *Il faut que vous vous tuiez à votre tour*[14]. » Toujours est-il qu'il tombe gravement malade au printemps 1874 ; il réussit à reprendre ses activités, à faire à Rome un séjour de quatre mois pour y former ses futurs prêtres, mais sa santé ne se remettra jamais vraiment. Lorsque les projets commencent à se réaliser, et que l'œuvre semble arriver à maturité, il connaît l'épreuve du dépouillement. Un ancien compagnon le quitte pour partir un temps à la Trappe, et ses nouveaux prêtres, ordonnés en mai 1877, hésitent à continuer au Prado. Sa réaction est douloureuse et admirable : « *Dieu m'avait donné des aides, de bons coadjuteurs, il me les reprend : Que son saint nom soit béni !*[15] »

Il meurt au Prado, à 53 ans, le 2 octobre 1879, mettant lui-même en pratique la maxime qu'il enseignait à ses jeunes : « *Il vaut mieux vivre dix ans de moins en travaillant pour Dieu que de vivre dix ans de plus en ne faisant rien*[16]. » Une expression plus douce et lumineuse de saint Irénée éclaire cette

14. *Ibid.*, p. 64.

15. Lettre au P. Jaricot du 5 avril 1878, in *Antoine Chevrier, Le chemin du disciple et de l'apôtre*, présentation de Y. Musset, préface de R. Daviaud, Parole et Silence, 2004, p. 294.

vie : « La gloire de l'homme, c'est de persévérer et de demeurer au service de Dieu[17]. » L'Église l'a béatifié en 1986 et a fixé la célébration annuelle de sa fête, le 2 octobre. J'invite les fidèles du diocèse à prier, avec toute la famille du Prado, pour demander à Dieu la canonisation de son fondateur.

La vie du P. Antoine Chevrier représente pour moi une grâce considérable. Ma question consiste à savoir comment, dans l'Église de Lyon, nous pouvons l'accueillir et nous laisser renouveler par sa radicalité évangélique. Nos frères et sœurs du Prado savent bien que ce message ne leur appartient pas et ils sont heureux de le partager avec d'autres, prêts à nous aider à mieux le connaître.

Avant de présenter quelques aspects de cet héritage spirituel, je voudrais faire ou transmettre quelques propositions pour les mois à venir, en particulier jusqu'à la fête de Noël.

> « Pour que la Bonne Nouvelle soit annoncée aux pauvres, tu as appelé, Seigneur, Antoine Chevrier à se faire disciple de ton Fils. Accorde-nous de suivre les exemples du Christ pauvre et crucifié, afin que nous puissions ainsi te glorifier. »
>
> *Oraison de la Messe du bienheureux Antoine Chevrier*

---

16. Cité dans Antoine Chevrier, *Écrits spirituels*, op.cit., p. 64.
17. *Adversus Haereses*, 4, 13-14.

Prière pour la canonisation

Dieu Notre Père, tu as choisi
le Bienheureux Antoine Chevrier
pour annoncer l'Évangile aux pauvres
et pour former des apôtres habités par ton Esprit.
Nous te rendons grâce pour tout ce que
tu nous as déjà accordé par son intercession.

Le Père Chevrier nous guide pour suivre
de plus près ton Fils
à travers les mystères de la Crèche,
du Calvaire et du Tabernacle, nous faisant découvrir
la beauté de ton Amour.

Permets qu'il soit auprès de Toi
le porteur de notre prière, afin d'obtenir
de plus grandes grâces encore.
(en particulier la guérison de…)
Nous t'en prions, Toi qui es vivant
pour les siècles des siècles. Amen.

Avec l'approbation de l'Archevêque de Lyon
le 10 décembre 2004.

Les divers témoignages de grâces, voire de guérisons, attribuées à son soutien peuvent être adressés au Prado :
13, rue Père Chevrier, 69007 Lyon. France.
ap.prado@wanadoo.fr et http : //www.leprado.org

IV

Automne 2006

> « Si quelqu'un veut marcher derrière moi,
> qu'il renonce à lui-même, qu'il prenne
> sa croix et qu'il me suive. » (Marc 8, 34)

Cet automne marque donc le vingtième anniversaire de la venue de Jean-Paul II à Lyon et de la béatification du P. Chevrier, mais aussi – et surtout ! – le cent cinquantième anniversaire de l'événement spirituel qui a transformé sa vie dans la nuit de Noël 1856, une expérience de nature quasi mystique. Puisque le don que le P. Chevrier a su recevoir du Seigneur peut se résumer dans le fait de devenir de « véritables disciples » de Jésus, nous avancerons vers la fête de Noël dans une démarche spirituelle commune. Nous demanderons au Christ la grâce que tous les baptisés vivant dans le diocèse de Lyon – et cette demande a une dimension œcuménique – se décident eux aussi, à Le « *suivre de plus près* ».

Les communautés du Prado qui pensent depuis longtemps à cet anniversaire ont aidé notre diocèse à bâtir un programme d'ensemble qui se prépare activement. Il s'adresse à tous, et chaque paroisse, mouvement ou équipe saura choisir ce qui lui convient ou trouver d'autres idées[1].

La famille du Prado donne rendez-vous, à tous ceux qui le désirent, le mercredi 4 octobre, vingt ans exactement après la béatification à Eurexpo, pour la célébration de l'Eucharistie à 18h30, en l'église saint Louis de la Guillotière qui fut le lieu de la sépulture du P. Chevrier.

Le lendemain, jeudi 5 octobre, à 17 heures, un colloque réunira à l'Université catholique des conférenciers, des témoins et quelques-uns des acteurs du voyage apostolique de Jean-Paul II: parmi eux, le Recteur d'alors, Mgr Gérard Defois qui reçut le pape dix ans plus tard comme archevêque de Reims, Maître Soulier qui était premier adjoint à la Mairie de Lyon, le grand Rabbin Richard Wertenschlag qui présenta la communauté juive au Pape en un mémorable discours commençant par ces mots: « Que n'ai-je des ailes comme la colombe...[2] ? », et Mgr Pierre Joatton qui

1. Il n'est pas possible de mentionner les initiatives qui seront prises dans les paroisses et sanctuaires au cours des mois à venir. À saint Bonaventure, par exemple, au cœur de Lyon, sera proposée une « Retraite en ville avec Antoine Chevrier », animée par le P. Richard Holterbach, au cours de trois journées, les 12, 13 et 14 décembre. On peut souhaiter que chacune des propositions ouvertes aux autres soit signalée sur le site diocésain dans la rubrique ouverte pour l'occasion: « Automne 2006 avec le P. Chevrier »

2. *Doc. Cath.*, 2 novembre 1986, n° 1927, p. 1003.

revient à Lyon après ses années d'épiscopat à Saint-Étienne. Lui-même, prêtre du Prado, a été ordonné diacre par Mgr Ancel à Noël 1956, dans la nuit du centenaire. En 1986, il était vicaire général du cardinal Decourtray. La chaîne de télévision Télé Lyon Métropole (TLM) présentera un DVD qu'elle a réalisé pour la circonstance.

Le vendredi 6 octobre, à la Primatiale saint Jean, au cours de la Messe de 19 heures, nous rendrons grâce au Seigneur en nous souvenant de la journée de récollection vécue à Ars, avec les prêtres, les évêques et les séminaristes de France.

Ensuite, viendront les célèbres fêtes lyonnaises du 8 décembre et notre marche vers Noël. Le Bienheureux P. Chevrier en sera, cette année, la figure de proue. Le jour de la fête de l'Immaculée Conception, les séminaristes et les jeunes du Prado animeront la montée vers Fourvière et la Messe des jeunes dans la Basilique. Et le dimanche 10 décembre, que les « Pradosiens » regardent comme l'anniversaire de leur fondation, nous aurons à cœur, dans nos paroisses et nos communautés, d'être unis à leur action de grâce au cours de l'Eucharistie dominicale. Ils invitent leurs amis à une Eucharistie solennelle le dimanche après midi, à 15h30, dans l'église saint André de la Guillotière.

C'est dans cette même église qu'ils m'ont proposé de les rejoindre, la nuit de Noël, pour fêter l'anniversaire de la conversion du P. Chevrier. À tout notre diocèse, pour la fête de Noël, il est proposé d'exposer dans le chœur de chaque église cette phrase : « *Le Fils de Dieu est descendu sur la terre pour sauver les hommes. Et cependant que voyons-nous ?... Alors je me suis décidé à suivre Notre Seigneur Jésus Christ de plus près*[3]. » Nous laissons à dessein des points de suspension pour que chacun réfléchisse à ce qu'il voit. Avec le regard de l'Évangile et dans la lumière du Seigneur : « *Que voyons-nous ?* » aujourd'hui, dans le monde qui nous entoure, dans la société où nous avons mission de continuer l'action du Serviteur. Tout cela peut être partagé avec d'autres. Et c'est en fonction de son analyse personnelle et enrichi par cet échange, que chacun pourra prendre sa décision de conversion intérieure.

Que l'ensemble de ces propositions soit bien compris. Il ne s'agit pas de se complaire dans des commémorations de belles journées qu'on ne veut pas oublier. L'annonce de l'Évangile, certes, ne nous tourne pas vers le passé. Mais revenir sur des moments forts pour en recueillir la joie et le fruit spirituel, c'est se disposer à repartir avec enthousiasme dans l'aventure missionnaire où le Christ aujourd'hui nous envoie. Il est probable que nombre de Lyonnais ont des choses à dire à ce

3. *Écrits spirituels*, op.cit., pp. 11-12.

sujet, et je voudrais inviter tous les témoins qui en auront le désir à partager dans le forum que nous ouvrons à cette occasion sur le site internet du diocèse[4], un souvenir, une parole ou un épisode qui les ont marqués.

L'année ne se terminera pas à Noël, bien sûr, mais le message du P. Chevrier demeure un lieu de ressourcement spirituel durable dans la vie de notre diocèse.

« *Seigneur, si vous avez besoin d'un pauvre, me voici ! Si vous avez besoin d'un fou, me voici ! Me voici, ô Jésus, pour faire votre volonté : je suis à vous.* »

P. Chevrier

4. http : //catholique-lyon.cef.fr

Deuxième Partie

V

Ouvrir l'Évangile

« La connaissance de Jésus Christ, son étude, l'oraison, voilà la première chose à faire pour devenir une pierre de l'édifice spirituel de Dieu »
P. Chevrier.

Depuis mon arrivée dans le diocèse, il s'est passé mille événements, beaucoup de décisions ont été prises, mais j'ai l'impression de n'avoir dit qu'une chose : « Ouvrons l'Évangile. » Dans toutes les visites pastorales, j'exprime, sans craindre de me répéter, la même demande : « S'il vous plaît, lisez chaque semaine l'Évangile du dimanche qui arrive, seul ou avec d'autres. Que chacun prenne, dans sa chambre ou dans un lieu de silence, une demi-heure pour le lire de près et le recevoir dans la prière, pour contempler le visage de Jésus et écouter chacune de ses paroles ».

Ne cachons pas que c'est un vrai combat spirituel de parvenir à dégager ce temps et de trouver le silence intérieur en faisant taire le tintamarre extérieur des médias ou de la publicité, tout autant que le « trafic intérieur » de ce qui nous préoccupe et parfois nous encombre. Cette prière personnelle, qui peut être partagée en famille ou en communauté, est la meilleure manière, la plus « active », de préparer le rassemblement de la Messe du dimanche[1].

En fait, j'ai une conviction très simple, c'est qu'on ne réveillera jamais l'Église qu'avec l'Évangile. Vraiment, pour le dire avec les mots du premier livre donné aux enfants dans le diocèse, « l'Évangile est notre trésor ». Nous n'avons rien de plus précieux à lire et à offrir; c'est dans cet esprit qu'ont été proposés à qui le désirait des milliers d'exemplaires du Nouveau Testament et des Psaumes, il y a deux ans, le 8 décembre, pour le cent cinquantième anniversaire de la proclamation du dogme de l'Immaculée Conception. Marie, la première, n'a pas eu d'autre mission que de porter et donner au monde, comme une servante, cette Parole faite chair, cette vie qui est la source de notre salut.

Réveiller l'Église avec l'Évangile, je reconnais que c'est une méthode radicale et fort exigeante,

1. Une feuille est régulièrement éditée (et disponible sur le site internet du diocèse) où l'on peut trouver les références des Évangiles des dimanches du 8 décembre à la Pentecôte et de la Pentecôte au 8 décembre suivant. Ce feuillet explique aussi l'esprit missionnaire de cette prière: que cette page d'Évangile, la même qui sera lue dans le monde entier, touche le cœur de tous ceux qui l'entendront le dimanche suivant, et que l'Esprit Saint éclaire les diacres et les prêtres qui auront à en donner le commentaire.

mais je ne vois pas qu'on puisse en trouver une autre. Et avant d'être une méthode, c'est un don de Dieu, un fruit de l'Esprit qu'il faut savoir accueillir dans nos vies. « *Avoir l'Esprit Saint, c'est tout* », dit le P. Chevrier[2]. L'apparition de saint François et saint Dominique au XIIIe siècle, à une époque où l'Évangile n'était même plus commenté durant les messes, peut être considérée comme un cadeau de l'Esprit. Saint François s'est mis à prêcher « à toute créature », c'est-à-dire même aux oiseaux ! Et les frères prêcheurs, compagnons de saint Dominique, sont partis deux par deux sur les routes, annonçant la miséricorde et la joie. Leur charisme a fait merveille et, par le témoignage de leur vie pauvre et fraternelle, le feu qui les habitait s'est largement communiqué. Aujourd'hui, comme alors et à tous les siècles, notre Église a besoin de se réformer. C'est un adage dans l'Église catholique[3] et un appel que le courant, appelé précisément de « la Réforme », ne cesse de nous lancer depuis bientôt cinq siècles. Nous ne prenons pas du tout cela comme une offense. Tout récemment encore, je lisais sous la plume d'un évangélique : « Les catholiques doivent être interpellés pour prendre au sérieux les revendications radicales de l'Evangile[4]. »

---

2. *Le Véritable Disciple*, op. cit., p. 231.
3. *Ecclesia semper reformanda* : l'Église est toujours à réformer.
4. L. de Chirico, Vice-Président de l'Association Évangélique italienne Padoue, *Idea*, Bulletin de l'Alliance évangélique française n° 5, p. 7, juin 2006.

Au cours de la Messe du 4 octobre 1986, Jean-Paul II a lancé un appel missionnaire que nous pouvons adopter comme ligne spirituelle :

> « Frères et sœurs, ne craignez pas de vous engager dans le renouveau du cœur sans lequel les réformes extérieures et les plans pastoraux seraient stériles. Faites-le à l'école de Marie qui accompagne toujours les disciples de son Fils. Vivez l'absolu de l'Évangile qui seul réveille et attire les consciences endormies ou hésitantes. Cherchez sincèrement la sainteté, inséparable de la mission. Et toi, P. Antoine Chevrier, guide-nous dans la voie de l'Evangile[5]. »

En fait, j'ai le triste sentiment que l'Évangile est encore peu ouvert, qu'il n'est pas vraiment lu « de près ». Certes, on connaît les histoires, on peut raconter les miracles et les paraboles sans trop se tromper, mais souvent, ces récits ne sont pas liés entre eux. Si quelqu'un connaît les trois paraboles des dix jeunes filles, des talents et du jugement dernier, mais s'il n'a pas remarqué qu'elles se suivent en un même chapitre (25) qui sert de conclusion à l'Évangile de saint Mathieu avant d'entrer dans le récit de la Passion, il ne risque pas de saisir la visée pédagogique du livre. Celui qui

5. Homélie de Jean-Paul II à la Messe de béatification du P. Chevrier, in *Doc. Cath.*, 2 novembre 1986, n° 1927, p. 945.

s'est arrêté à des images d'Épinal à propos de Thomas ou de Marthe et Marie, celui qui n'a pas vu les liens fraternels qui unissent André et Philippe, celui qui ne connaît pas les Apôtres ni les proches de Jésus par leur nom, avec leur grâce, leurs limites et leurs péchés, comment pourra-t-il contempler l'Église naissante autour du Sauveur ?

Avec les Béatitudes qui sont comme le grand discours d'ouverture de Jésus, il faut faire le long voyage de l'Évangile pour voir comment Jésus vit chacune d'elle, la met en pratique au long de son ministère public, et jusque dans sa Passion. Ainsi, on découvre que ce texte n'est pas seulement une série de consignes morales et spirituelles, mais un véritable autoportrait de Jésus qui nous aide à apprendre quelque chose du mystère de notre humanité. Voilà la « perle » fine de l'Évangile pour laquelle il faut tout vendre, le texte dans lequel on peut passer des heures et des mois, et qu'il faut, bien sûr, commencer par apprendre par cœur !

L'enjeu est important, car nous recevons ce message comme une Parole de Dieu. Ces événements, qui se sont passés dans un cadre historique précis, ont pour nous une valeur d'éternité. L'Évangile nous éclaire aujourd'hui pour comprendre ceux qui nous entourent, pour trouver notre place dans l'Église, pour participer à sa mission en tant que « pierres vivantes ».

La grande question est de savoir écouter. La Parole de Dieu est un message d'amour et de salut offert à tous les hommes, et nous devons apprendre à l'écouter pour nous en nourrir. Là commence l'effort, « l'exercice spirituel », que font les chrétiens à l'image de leurs frères aînés, les Juifs, dont la prière commence chaque jour par ces mots : « Écoute, Israël, le Seigneur notre Dieu est le seul Seigneur[6]. » Écouter n'est pas facile, et tout commence par là ; on peut dire que c'est une grâce de Dieu et qu'il faut la demander hardiment.

Quand Dieu apparaît en songe à Salomon et lui dit : « Demande ce que je dois te donner », le jeune roi répond en allant à l'essentiel : « Donne-moi un cœur qui écoute[7]. » Un verset du prophète Isaïe décrit l'action de Dieu en lui : « Le Seigneur éveille chaque matin, il éveille mon oreille pour que j'écoute comme un disciple. Le Seigneur Dieu m'a ouvert l'oreille[8]. »

On reçoit encore cette recommandation dans le Nouveau Testament, lorsqu'une voix venant du ciel au moment de la Transfiguration se fait entendre, et désigne Jésus éblouissant de lumière : « Celui-ci est mon Fils bien-aimé. Ecoutez-le[9] ! »

---

6. Deutéronome 6, 4.
7. 1 Rois 3, 5 et 9.
8. Isaïe 50, 4.
9. Marc 9, 7.

Jésus est lui-même étonné que l'Écriture, pourtant fidèlement lue par les Juifs à la synagogue, ne soit pas connue de l'intérieur. Plusieurs fois dans l'Évangile, on l'entend poser cette question, avec un brin d'amertume : « N'avez-vous pas lu[10] ? » Comment est-il possible que ses contemporains connaissent les histoires d'Abraham et de David, et soient capables de les raconter à leurs enfants, sans avoir perçu que l'essentiel du message est dans la miséricorde, dans la Résurrection ?

Avant de se plonger dans son Évangile, le P. Chevrier prie : « *Ouvrez mon esprit et mon intelligence, afin que votre parole puisse entrer jusque dans mon cœur et que je puisse la goûter et la comprendre*[11] ». Il faut étudier l'Évangile, mais ce n'est pas un travail purement intellectuel ou rationnel. On se souvient des reproches que Jésus fait à ses interlocuteurs dans l'Évangile : « Vous scrutez les Écritures parce que vous pensez trouver en elles la vie éternelle[12]. » Le Seigneur nous demande de lire les Écritures comme une parole vivante qui imprègne nos esprits et agisse dans nos cœurs pour Lui « rendre témoignage ». Peu à peu, le visage de Jésus se manifestera mystérieusement à ceux qui prennent le temps de le contempler et de l'adorer longuement.

---

10. Matthieu 12, 3 et 5 ; 22, 3.
11. *Le Véritable Disciple*, op. cit, p. 108.
12. Jean 5, 39.

Après Noël 1856, le Bienheureux Antoine Chevrier se décide à lire l'Évangile de près et dans tous ses détails. Il va en recopier de nombreux textes et élaborer divers plans d'étude, à commencer par le célèbre « tableau de Saint Fons » sur lequel je reviendrai[13]. « *Qu'avons-nous donc à faire ?* » demande-t-il, sinon « *d'étudier Notre Seigneur Jésus, d'écouter sa parole, d'examiner ses actions, afin de nous conformer à lui et de nous remplir du Saint Esprit*[14] ». On pense à l'amour des Juifs pour la Torah : « Tous les objets désirables ne valent point [l'étude de la Torah][15]. Même les désirs du ciel – c'est-à-dire les commandements – ne la valent pas », dit le Talmud[16]. C'est en ce sens que les Pradosiens pratiquent fidèlement « l'étude d'Évangile », d'abord dans un temps de recherche personnelle, puis en un partage fraternel. Un prêtre m'a dit un jour que, stimulé par l'exemple du P. Chevrier, il s'était décidé à recopier de sa main, chaque soir avant de s'endormir, le passage d'Évangile auquel il allait consacrer son temps de prière silencieuse, le lendemain.

On mesure à quel point tout cela est essentiel pour enraciner notre vie chrétienne et fonder solidement l'Église. Le Seigneur lui-même nous

13. Voir p. 64 ss.
14. *Le Véritable Disciple*, op. cit., p. 225.
15. Cf. Proverbes 8, 11.
16. *Mo'ed Katan* 9b.

l'enseigne dans l'Évangile : « Quiconque vient à moi, écoute mes paroles et les met en pratique, je vais vous montrer à qui il est comparable. Il est comparable à un homme qui, bâtissant une maison, a creusé, creusé profond et posé les fondations sur le roc. La crue survenant, le torrent s'est rué sur cette maison, mais il n'a pu l'ébranler, parce qu'elle était bien bâtie[17]. » Creuser, creuser profond, quelle belle image pour exprimer le travail persévérant de la vie spirituelle ! Quelle consigne vigoureuse et précise pour les pierres vivantes que nous sommes, dans la construction de l'Église, en ce début de XXIe siècle !

Beaucoup sont décidés à poursuivre l'élan de ce qui a été vécu l'an dernier dans le diocèse avec les *Actes des Apôtres*, et revenir constamment à l'Écriture, et tout d'abord à l'Évangile. Poser les fondations de notre vie chrétienne sur le Christ, édifier ensemble notre diocèse sur le roc, voilà l'essentiel.

> « Il est urgent que se lève une nouvelle génération d'apôtres enracinés dans la Parole de Dieu, capables de répondre aux défis de notre temps et prêts à répandre partout l'Évangile. »
>
> Benoît XVI. *Message à l'occasion de la XXIe JMJ.*

17. Luc 6, 47-48.

Récollection diocésaine

La récollection diocésaine qui a lieu chaque année dans la Cathédrale, durant le Carême, se tiendra les 3 et 4 mars 2007. Ce dimanche-là, l'Église méditera l'épisode de la Transfiguration. Nous essaierons de lire l'Évangile de près et de *suivre* le Christ, en montant avec lui sur la montagne, pour voir la lumière de Dieu briller sur son visage.

On peut en retenir dès maintenant la date et, pour tous renseignements, consulter en temps opportun le site diocésain (http://catholique-lyon.cef.fr).

VI

Suivre le Christ de près

« Imitons Jésus, notre modèle. »
P. Chevrier

« *Pour imiter Jésus-Christ, ne faut-il pas le connaître ? Et comment pourrions-nous le connaître si nous ne l'étudions pas ?*[1] » Pour le P. Chevrier, cette étude n'est pas d'abord intellectuelle ; il s'agit avant tout d'une rencontre personnelle. D'ailleurs, il n'utilise pas tellement l'expression « étude d'Évangile ». Il préfère parler de « *l'étude de notre Seigneur Jésus Christ* », formule plus étrange. « *Étudier Jésus dans sa vie mortelle, dans sa vie eucharistique sera toute mon étude. Imiter Jésus sera tout mon désir, le but unique de toutes mes pensées, la fin de toutes mes actions*[2]. » Étude, désir, pensées, actions, chacun de ces mots est précédé de « tout » ; on voit bien que le P. Chevrier ne veut pas séparer l'intelligence du cœur, ni de l'action. Il désire une rencontre de l'être tout entier avec le

1. Lettre à ses séminaristes, 1872, in Antoine Chevrier, *Lettres inédites*, présentation de Yves Musset, Parole et Silence, Paris, 2006, p. 61.
2. *Antoine Chevrier, Le chemin du disciple et de l'apôtre*, Présentation de Yves Musset, Parole et Silence, 2004, p. 64.

Seigneur. C'est ce qu'il demande dans sa prière : « *Faites, ô Christ, que je vous connaisse et que je vous aime*[3] », « *Imiter Notre Seigneur, suivre Jésus Christ, devenir un autre Christ sur la terre, voilà le but que je me suis proposé depuis le commencement*[4]. »

Un des fruits, lointain mais essentiel, de la grâce de Noël 1856 dans la vie du P. Chevrier, fut la rédaction du livre intitulé *Le Véritable Disciple de Jésus Christ.* Il y traite du prêtre, mais on peut transposer sa pensée dans la logique de l'enseignement du Concile Vatican II qui a remis en valeur le sacerdoce commun des fidèles. Et l'on voit comment cet ouvrage sera profitable à tous les membres du « peuple saint » qui ont compris qu'être chrétien, vivre une vie imprégnée d'Évangile, ce n'est ni plus ni moins que de vouloir devenir un saint, un « autre Christ ». Tout un chapitre, le cinquième, de la Constitution de Vatican II sur l'Église est consacré à l'appel universel à la sainteté : « L'appel à la plénitude de la vie chrétienne et à la perfection de la charité s'adresse à ceux qui croient au Christ, quels que soient leur état ou leur rang ; dans la société terrestre elle-même cette sainteté contribue à promouvoir plus d'humanité[5]. »

3. Prière « Ô Verbe ! Ô Christ ! » in *Le Véritable Disciple*, op.cit., p. 108. Voir Annexes, p. 121.

4. Lettre du P. Chevrier à l'abbé Dutel, éd. Prado, 1987, n° 75, p. 84.

5. *Lumen Gentium*, 40.

Le P. Chevrier a choisi de fonder son enseignement sur le verbe suivre. On le sent proche de la tradition spirituelle de *l'Imitation de Jésus Christ* qui a marqué des générations. Son but est de suivre le Christ pour l'imiter. Il suffit, pour s'en apercevoir, de jeter un bref regard sur la table des matières de son livre. La « *cinquième condition à remplir pour devenir un véritable disciple de Jésus Christ* » est intitulée : « *Suivre Jésus Christ* ». Elle est constituée de douze petits chapitres, dont les titres sont à lire à haute voix. C'est une litanie qui m'a toujours beaucoup impressionné :

1. « *Suivez-moi dans mon jeûne* »
2. « *Suivez-moi dans ma prière* »
3. « *Suivez-moi dans ma douceur* »
4. « *Suivez-moi dans mon humilité* »
5. « *Suivez-moi dans ma pauvreté* »
6. « *Suivez-moi dans ma charité* »
7. « *Suivez-moi dans mes prédications* »
8. « *Suivez-moi dans mes combats* »
9. « *Suivez-moi dans mes persécutions* »
10. « *Suivez-moi dans mes souffrances* »
11. « *Suivez-moi dans ma mort* »

Et le titre du douzième est : « *Vous me suivrez dans ma gloire* »[6].

---

6. Antoine Chevrier, *Le Véritable Disciple*, éd. P.E.L. Lyon, pp. 345-499.

Est-ce que tout n'est pas dit ? Suivre le Christ, voilà selon le P. Chevrier la source du renouveau. Pour comprendre le sens de ce verbe, les passages évangéliques ne manquent pas. Jésus l'utilise souvent, depuis l'appel des quatre premiers disciples : « Venez à ma suite et je vous ferai devenir pêcheurs d'hommes[7] », jusqu'à la confirmation de Pierre après la Résurrection au bord du lac : « Toi, suis-moi[8] ! » alors que, dans la déroute de la Passion, Pierre « avait *suivi* Jésus de loin[9] », avant de le renier. Nous sommes marqués aussi par l'appel de Lévi qui, abandonnant tout, se lève et le suit[10] ou par ces trois petits dialogues « électriques » qui commencent le récit de la montée vers Jérusalem. Le verbe suivre y est partout : « Je te suivrai où que tu ailles[11]... ». Jésus ne supporte pas qu'on cherche une excuse ni qu'on demande le moindre délai : « Permets-moi d'abord[12] »... de faire ceci ou cela. Rien ne peut passer avant l'exigence de suivre le Christ, qui est lui-même tout entier tendu vers sa Passion !

Les conditions de la marche à sa suite, Jésus les exprime clairement après cette première annonce de la Passion qui a provoqué la stupéfaction des

---

7. Marc 1, 17.
8. Jean 21, 22.
9. Marc 14, 54.
10. Cf. Luc 5, 27-28.
11. Luc 9, 57.
12. Luc 9, 59 et 61.

Apôtres et la révolte de Pierre. « Si quelqu'un veut marcher derrière moi, qu'il renonce à lui-même, qu'il prenne sa croix, et qu'il me suive. Car celui qui veut sauver sa vie la perdra, mais celui qui perdra sa vie pour moi et pour l'Évangile la sauvera[13]. »

Le P. Chevrier a été touché par cette radicalité, et il veut la faire comprendre. Elle ne doit effrayer personne, car elle ouvre sur une lumière inconnue en ce monde, celle du Royaume. En continuant la lecture de l'Évangile, on voit que cette présentation des conditions pour suivre Jésus conduit justement au récit incandescent de la Transfiguration : « Jésus prend avec lui Pierre, Jacques et Jean, et les emmène, eux seuls, à l'écart sur une haute montagne. Et il fut transfiguré devant eux[14] ». Celui qui décide de suivre le Christ doit entrer dans la logique de cet amour, logique un peu folle, il faut le reconnaître avec saint Paul[15], mais qui ne peut pas laisser place à la négociation ni à la médiocrité ; cela jurerait trop. Est-il possible d'avoir voué sa vie à la proclamation de l'Évangile et d'être calculateur, de ne pas « brûler » ? « Le prêtre médiocre est, entre tous, impénétrable », s'écrie Bernanos[16].

---

13. Marc 8, 34-35.
14. Marc 9, 2.
15. Cf. 1 Corinthiens 1, 25.
16. Georges Bernanos, *Sous le Soleil de Satan*, Pléiade, NRF, Paris, p. 289. « Le prêtre médiocre exerce sur moi une espèce de fascination », écrit encore Bernanos dans *L'Imposture*, Pléiade, NRF, Paris, pp. 430 et 481.

L'enjeu est essentiel, car le décalage entre la foi que nous professons et nos comportements est une source de scandale. Le Seigneur lui-même s'insurge contre cette incohérence: « Pourquoi m'appelez-vous en disant: 'Seigneur! Seigneur!' *et* ne faites-vous pas ce que je dis[17] ? ». Ce petit *et* est capital pour comprendre ce que veut dire « suivre Jésus Christ ». C'est la caractéristique du disciple; il écoute *et* il met en pratique, comme celui que Jésus donne en modèle aussitôt après: « Tout homme qui vient à moi, qui écoute mes paroles *et* qui les met en pratique, je vais vous montrer à qui il ressemble...[18] ». J'ai déjà cité ce texte au paragraphe précédent pour l'écoute de la Parole. Même si nous restons toujours très en dessous de ce que l'Évangile nous invite à vivre (Tertullien dit même que « nous proclamons un message qui nous condamne »), notre témoignage n'est crédible que si les hommes nous sentent désireux de « *suivre le Christ de près* », et nous voient occupés à mettre notre vie en harmonie avec ce but.

Et la vie du Christ, comment le P. Chevrier la voit-il? Il la résume et la présente en trois moments-clés: la pauvreté de la crèche où Dieu a tout laissé pour venir nous sauver, la souffrance de la croix où nous comprenons à quel point nous

17. Luc, 6, 46.
18. Luc 6, 47.

avons été aimés, et le mystère de l'Eucharistie où le Christ se donne comme une nourriture et un bon pain. La crèche, la croix et le tabernacle sont les trois piliers autour desquels tourne son message : « *Nous devons représenter Jésus Christ pauvre dans sa crèche, Jésus Christ souffrant dans sa passion, Jésus Christ se laissant manger dans la sainte Eucharistie*[19] ».

De temps en temps, le P. Chevrier quitte La Guillotière pour une récollection à Saint-Fons, au sud de Lyon. Le modeste lieu où il se retirait a été fort bien aménagé et remis en valeur par la communauté du Prado, depuis quelques années. Lors de ma première visite pastorale dans ce secteur, j'ai eu la joie d'être conduit devant le célèbre « Tableau de Saint-Fons » et de pouvoir y rester un long moment. Plus qu'un « tableau » – car il n'y a ni dessin, ni peinture –, il s'agit d'un schéma que le P. Chevrier avait lui-même écrit sur le mur. C'est un merveilleux résumé de la grâce spirituelle qu'il a reçue, et un condensé très clair de la foi chrétienne dans ses trois mystères essentiels : l'Incarnation évoquée par la crèche, la Rédemption par la croix et la Résurrection par le tabernacle. Les commentaires du P. Chevrier sur ce triptyque sont simples et très stimulants.

19. *Le Véritable Disciple*, op.cit., p. 101.

Le Tableau de Saint-Fons

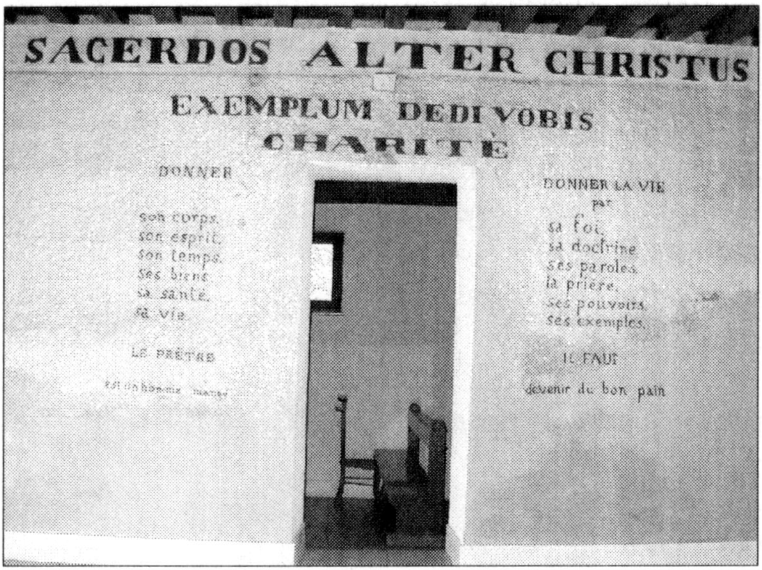

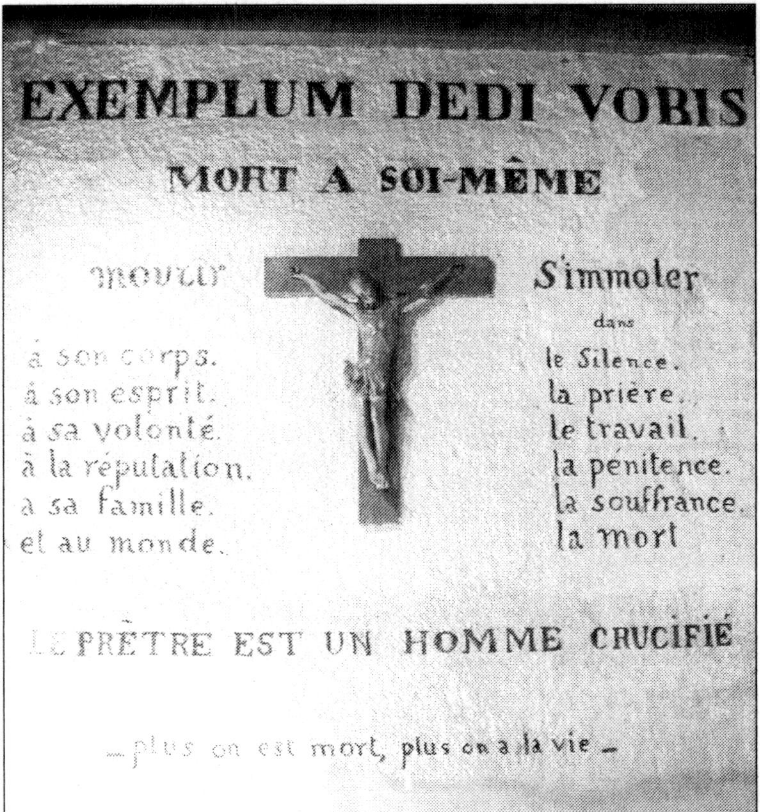
EXEMPLUM DEDI VOBIS
MORT A SOI-MÊME
mourir
à son corps.
à son esprit.
à sa volonté.
à la réputation.
à sa famille.
et au monde.
S'immoler
dans
le Silence.
la prière.
le travail.
la pénitence.
la souffrance.
la mort
LE PRÊTRE EST UN HOMME CRUCIFIÉ
– plus on est mort, plus on a la vie –

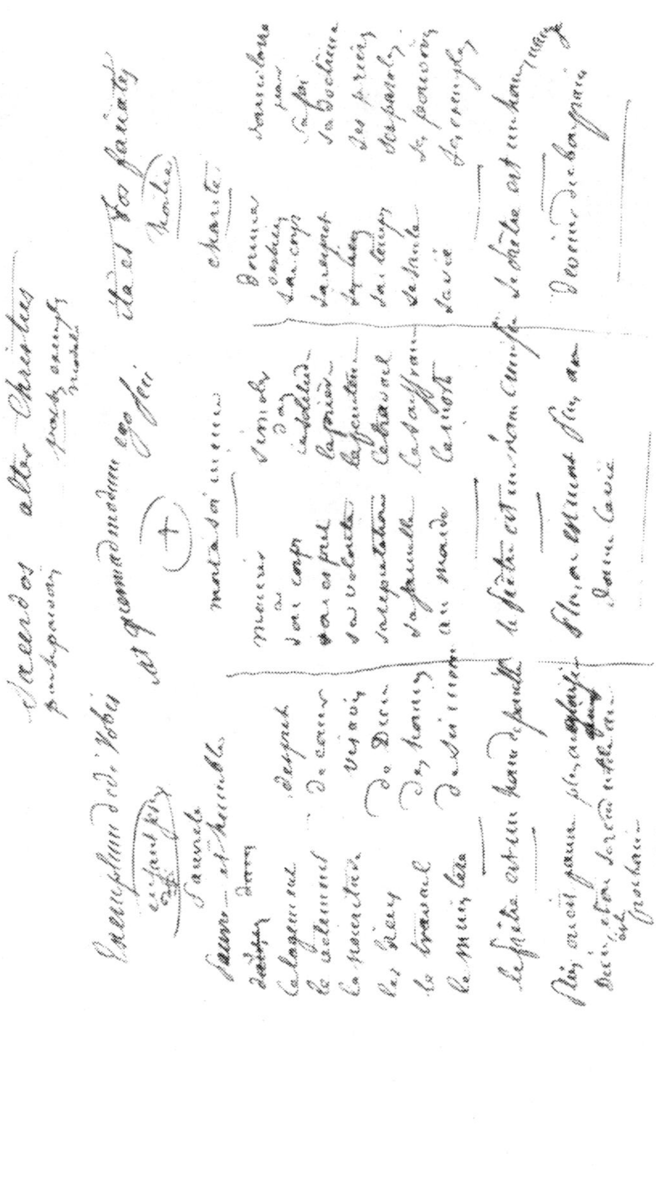
Sacerdos alter Christus
Exemplum dedi vobis
ut quemadmodum ego feci
ita et vos faciatis
pauvre et humble
mort à soi-même
charité
le prêtre est un homme dépouillé
le prêtre est un homme crucifié
le prêtre est un homme mangé

LE PRÊTRE EST UN AUTRE CHRIST

Le Verbe s'est fait chair et il a habité parmi nous
Je vous ai donné l'exemple, afin que, comme j'ai fait, vous fassiez vous aussi

CRÈCHE

Pauvreté

Pauvre	Humble
dans le logement,	d'esprit,
le vêtement,	de cœur,
la nourriture,	vis-à-vis
les biens,	de Dieu,
le travail,	des hommes,
le service.	de soi-même.

Plus on est pauvre,
plus on s'abaisse,
plus on glorifie Dieu,
plus on est utile
au prochain.
Le prêtre
est un homme dépouillé.

CALVAIRE

Mort à soi-même

Mourir	S'immoler
à son corps,	par le silence,
à son esprit,	la prière,
à sa volonté,	le travail,
à sa réputation,	la pénitence,
à sa famille,	la souffrance,
et au monde.	la mort.

Plus on est mort,
plus on a la vie,
plus on donne la vie.

Le prêtre
est un homme crucifié.

TABERNACLE

Charité

Donner	Donner la vie
son corps,	par sa foi,
son esprit,	sa doctrine,
son temps,	ses paroles,
ses biens,	ses prières,
sa santé,	ses pouvoirs,
sa vie.	ses exemples

Il faut devenir du bon pain.

Le prêtre
est un homme mangé.

En haut, il a recopié deux citations de l'Évangile, capitales pour lui : « Le Verbe s'est fait chair et il a habité parmi nous[20] » et « C'est un exemple que je vous ai donné, afin que vous fassiez, vous aussi, comme j'ai fait pour vous[21] ». Le P. Chevrier avait pensé le tableau pour les prêtres, puis l'avait adapté pour les sœurs, et nous pouvons continuer de le travailler pour qu'il soit utile à tous les baptisés, et éclaire chacun de leurs états de vie. Devant la crèche, il écrit qu'en choisissant une vie pauvre, « *on glorifie Dieu* », « *on est utile au prochain* » ; devant la croix, que plus on meurt à soi-même, « *plus on a la vie, plus on donne la vie* ». Même si depuis saint Pierre, personne n'a envie d'entendre parler du Calvaire[22], nous savons que la Croix est le grand rendez-vous du salut, la preuve que l'amour n'a pas de limite.

Le tabernacle, c'est la certitude que cet amour, si souvent refusé ou bafoué, dans le monde et au fond de nous-mêmes, ne nous abandonnera jamais et sera toujours victorieux : « Je suis avec vous tous les jours jusqu'à la fin des temps[23] ». C'est dans cette troisième colonne qu'il écrit la phrase la plus célèbre du tableau : « *le prêtre est un homme mangé* » et juste au-dessus, « *il faut devenir du bon pain* ».

---

20. Jean 1, 14
21. Jean 13, 15
22. Cf. Matthieu 16.
23. Matthieu 28, 20.

Quinze siècles plus tôt, saint Augustin avait comparé la longue histoire du chrétien à celle des épis de blé qui deviennent « notre pain de chaque jour ». Il faut accepter de grandir dans la bonne terre, être fauché, décortiqué, broyé pour devenir une farine toute fine et douce, avant de recevoir l'eau du baptême, d'être cuit au feu de l'Esprit par la confirmation et d'être mangé. La vie des chrétiens doit être une page d'Évangile vivante, un bon pain du Christ offert aux hommes à chaque époque, pour leur donner force et joie.

« *Parlez de Jésus Christ avec la même intensité de foi que le P. Chevrier.* Celui qui connaît Jésus Christ – de cette connaissance au sens johannique qui comprend l'amour – ne vit plus pour lui-même, mais pour Jésus Christ et pour le faire connaître aux autres. Les pauvres ont le droit qu'on leur parle de Jésus Christ. Ils ont droit à l'Évangile et à la totalité de l'Évangile... Nous devons annoncer explicitement l'Évangile avec fidélité, simplicité, autorité et fermeté (cf. *Le Véritable disciple*, p. 448-449). »

Seconde orientation donnée par Jean-Paul II à la famille pradosienne, 7 octobre 1986

Le Tableau de Saint-Fons

À partir de l'automne 2006 et des anniversaires que nous y célébrons, je désire que le « Tableau de Saint-Fons » soit ou devienne davantage un lieu de pèlerinage diocésain. Déjà, les séminaristes sont allés y faire une journée de récollection. Le lieu porte au silence et le tableau parle de lui-même. Il a été reproduit sur de petits feuillets que l'on peut distribuer.

Sans doute ne convient-il pas à des enfants, mais il peut être l'occasion d'une catéchèse enrichissante pour les grands jeunes ou les adultes. Je pense en particulier à ceux qui se préparent au sacrement de la confirmation. C'est, pour eux, le moment d'un contact direct avec l'évêque, successeur des apôtres. Ils touchent, pour ainsi dire, les fondations de cette Église qu'ils s'engagent à construire.

J'appliquerais bien au « Tableau de Saint-Fons » les mots qu'adressait le Pape Jean-Paul II à la famille du Prado, à propos de toute l'action du P. Chevrier : il s'agit « d'une intuition authentiquement apostolique, profonde, correspondant aux besoins de l'Église et jaillie du cœur d'un saint passionné de Jésus Christ et de l'amour des pauvres. Elle ne peut rester enfouie. » (*Doc. Cath.*, n° 1927, 2 novembre 1986, p. 1005).

VII

Être pauvre pour servir les pauvres

« Plus on est pauvre, plus on possède
Jésus Christ » P. Chevrier.

Le P. Chevrier n'a pas vécu dans une période calme. Il était très jeune au moment des affrontements sanglants de la révolte des canuts ; la révolution de 1848 éclate quand il est au Séminaire ; et à l'époque de la commune, en 1870, il est un prêtre d'expérience. Il connaît la violence et l'injustice de ces moments, mais il n'en a pas peur. « *C'est la première chose que font les révolutionnaires : nous dépouiller, nous rendre pauvres... Et c'est quelquefois bien heureux que cela arrive parce que nous nous endormirions dans les richesses et le bien-être et nous ne nous occuperions plus des choses de Dieu*[1]. »

L'essentiel de la grâce reçue à Noël 1856, pour Antoine Chevrier, c'est la pauvreté. Il l'a montré en choisissant, peu de temps après sa « conversion », d'entrer dans le tiers ordre de saint François. En analysant sa biographie, on ne peut

---

1. *Le Véritable Disciple*, op.cit., pp. 316-317.

pas s'empêcher, comme je l'ai dit plus haut, – même si cela reste le secret de Dieu – de faire la relation entre les terribles inondations du printemps 1856[2] et l'événement de la fin de l'année. On admire la façon dont il s'est donné, jusqu'à l'épuisement, pour réconforter ceux que les crues du Rhône réduisaient à la misère et laissaient si désemparés. Comme le « pauvre d'Assise », le P. Chevrier veut calquer sa vie sur celle de Jésus qui, « de riche qu'il était, s'est fait pauvre pour nous afin de nous enrichir par sa pauvreté[3] ». Il écrit : « *La pauvreté, c'est le premier exemple que Jésus Christ nous donne en entrant dans le monde*[4]. » Et l'on pourrait multiplier les citations : « *La pauvreté nous tient dans l'humilité, la douceur, la confiance, la prière, vis-à-vis de Dieu et des hommes*[5]. »

Cela lui semble particulièrement vrai pour les prêtres ; la crédibilité de leur enseignement et la vigueur de leur ministère, comme aussi, d'une certaine manière, leur fidélité personnelle dépendent en bonne partie de cette attitude intérieure : « *Aujourd'hui, plus que jamais il faut être pauvre pour lutter contre le monde, le luxe et le bien-être qui prend un accroissement prodigieux partout… Si le prêtre fait*

---

2. Dans l'église Saint-Louis de la Guillotière, un ex-voto dû au peintre Scohy évoque d'une façon très suggestive ces inondations.
3. 2 Corinthiens 8, 9.
4. Antoine Chevrier, *Écrits spirituels*, Cerf, Paris, 2005, p. 68.
5. *Ibid.*, p. 75.

comme tout le monde, comment pourra-t-il le conduire et l'instruire ?[6] ». « *C'est dans la pauvreté que le prêtre trouve sa force, sa puissance, sa liberté*[7]. » « *Quelle liberté, quelle puissance donne au prêtre cette sainte et belle pauvreté de Jésus Christ ! Quel exemple il est pour le monde, ce monde qui ne travaille que pour l'argent, qui ne pense qu'à l'argent, qui ne vit que pour l'argent !*[8] ». C'est un message qui, en cent cinquante ans, n'a pas pris une ride !

Antoine Chevrier veut être pauvre, aimer les pauvres et vivre en leur compagnie. Il a pour modèle le Christ qui appelle à lui tous ceux qui souffrent : « Venez à moi vous tous qui êtes affligés[9]. » Il porte d'abord son amour sur les enfants pauvres : ils ont « *des maîtres, des maîtresses, des chefs, des commandants ; mais des pères, des mères, des pasteurs, des hommes qui savent attendre, prier et souffrir, très peu, presque point… Nous leur servons de père et de mère*[10]. »

Entendre ce message suppose une grande ouverture de cœur et une réaction ferme contre la tentation omniprésente du bien-être et du confort matériel. Comment rester libre devant l'argent qui est une réalité nécessaire et quotidienne, mais qui

6. *Ibid.*, p. 78.
7. *Ibid.*, p. 75.
8. *Ibid.*, p. 76.
9. Matthieu 11, 28.
10. *Écrits spirituels,* op.cit., p. 49 (Premier règlement des prêtres du Prado).

a vite fait de nous tromper, de nous emporter dans sa logique implacable. En fait, l'argent rend fou[11]. La vie spirituelle suppose douceur et humilité pour écouter ses désirs, obéir à son corps, vivre dans son temps, s'accepter comme l'on est, mais aussi fermeté dans la lutte contre soi-même (l'*agere contra*, disent les spirituels), pour garder et fortifier sa liberté. Mystère toujours fragile et merveilleux que celui de la personne humaine !

Le P. Chevrier peut nous stimuler dans cette décision intérieure de conversion, et plus encore dans le désir de garder les yeux ouverts sur les pauvretés de notre monde. « Bienheureux les cœurs purs, ils verront Dieu[12] », dit le Seigneur au début de son enseignement. Un disciple du Christ, un contemplatif au cœur pur, voit aujourd'hui Dieu bafoué dans les grandes pauvretés de notre époque. Il n'y aura probablement plus de crues dramatiques du Rhône à Lyon ; certes, d'immenses progrès sociaux ont été réalisés depuis les débuts anarchiques de l'ère industrielle. Mais il est vraiment douloureux de constater qu'il y a toujours autant de misère humaine autour de nous. Que le Seigneur nous donne des yeux pour les voir, un « cœur de chair » pour nous en émouvoir, une volonté ferme et des mains pour agir.

11. Cf. Luc 12, 20-21 : « Dieu lui dit : Tu es fou !... », parole s'adressant à celui qui thésaurise pour lui-même au lieu de s'enrichir en vue de Dieu.

12. Matthieu 5, 8.

La parabole du pauvre Lazare n'a rien perdu de son actualité. Le riche qui vivait à côté de lui, et dont rien ne dit qu'il n'était pas un honnête homme, n'a même pas vu celui qui, à sa porte, « aurait bien voulu se rassasier de ce qui tombait de sa table[13] ». Cette parabole, a expliqué Jean-Paul II lors d'un voyage au Brésil en juillet 1980, a pris une dimension planétaire. Je pense en premier lieu au dramatique déséquilibre entre les nations qui conduit à d'immenses mouvements de population.

Les immigrés qui sont venus chez nous à chaque génération, et ceux qui se pressent à la porte des pays riches aujourd'hui, sont des gens qui auraient préféré rester chez eux, s'ils avaient pu y vivre avec dignité en exerçant une profession, en nourrissant leur famille, en apportant leur pierre à la construction de la société. Mais ils ont fui la terre de leurs ancêtres parce que les conditions de vie y étaient devenues trop précaires ou violentes.

Des lois pour contrôler l'immigration sont légitimes, mais ne suffiront pas, si nous ne sommes pas décidés à partager nos biens et à aider efficacement les pays en difficulté à se structurer et à décoller économiquement. Cette question est d'autant plus difficile qu'à titre individuel, beaucoup de gens sentent ce drame - on constate que

13. Luc 16, 19-31.

les Français sont d'une générosité admirable pour le tiers-monde –, mais qu'une décision utile pour redresser la barre ne peut être prise qu'au niveau des responsables politiques.

En outre, les pauvretés, sous des formes bien diverses, demeurent présentes à côté de nous. Le décrochement social de ceux qui ne parviennent pas à rester dans « la course à la performance », la maladie du sida, les réseaux de la drogue qui sont le signe d'une fuite, et peut-être même d'une désagrégation de la personne humaine devant une trop grande souffrance..., tout cela nous interroge avec force. Comment se fait-il qu'une société si développée produise tant d'exclusions ? Garder le silence sur tous ces sujets, rester inactif dans ces différents domaines serait une lâcheté.

Dans un monde blessé par la misère qui accable la moitié de la planète et qui se cache au milieu de nous, l'exemple du P. Chevrier nous invite à lutter contre ce fléau, pour rendre à tout homme sa dignité. Le commandement de l'amour que le Seigneur reçoit de la Torah et nous transmet : « Tu aimeras ton prochain comme toi-même[14] » ne connaît aucune frontière. Il nous conduit toujours à une rencontre avec le Christ : « Chaque fois que vous l'avez fait à l'un de ces

14. Lévitique 19, 18 et Matthieu 22, 39.

petits qui sont mes frères, c'est à moi que vous l'avez fait[15]. » Il nous montre le chemin de la fraternité universelle.

Certains manquent de tout, et même des moyens pour nous le faire comprendre. Le plus souvent, la grande misère matérielle se dissimule; c'est à nous de savoir la découvrir et d'y apporter une aide discrète. Des organisations, très structurées aux plans national et diocésain, font mon admiration, car elles savent agir avec tact et efficacité. Mais il est clair qu'elles ne couvriront jamais tous les besoins, et chacun, à un moment inattendu et toujours dérangeant, se trouvera, comme le Bon Samaritain « devenir le prochain d'un homme tombé à terre[16] ». De nombreuses pauvretés de notre société sont aussi psychologiques. Bien des souffrances et dépressions viennent d'une mise au chômage, surtout lorsqu'une personne humaine a eu l'impression de n'être considérée que comme un élément de rentabilité. La déchirure d'un couple, les conséquences d'un avortement, la dislocation d'une famille, entraînent aussi tant de souffrances qu'on aurait pu ou aimé éviter! Certes, on comprend que certaines tensions soient insupportables et on ne veut pas faire souffrir davantage ceux qui les vivent. Mais on ne conduit pas une société vers le bonheur en suivant sans discernement les

15. Matthieu 25, 40.
16. Luc 10, 36.

désirs de chacun, ou en répétant la loi qui semble devenue générale du : « Tu fais comme tu le sens ! ».

Oui, la sensibilité est une richesse de nos vies, à gérer tout en finesse, mais elle est parfois trompeuse ou dangereuse. À trop exalter le désir de chacun ou une conception strictement individuelle de la liberté, on finit par fragiliser les personnes, et même les fondements de la vie sociale. C'est un des problèmes anthropologiques et éducatifs majeurs de notre temps : comment aider chacun à prendre des décisions et à s'y tenir fermement, pour pouvoir réaliser les grands désirs de sa vie ? Il faut mettre notre liberté à l'abri des fluctuations de notre sensibilité.

L'objectif est de donner une certaine solidité à la personne humaine en l'adossant à de fortes institutions, surtout en une période de grand désarroi social et politique. Comment témoigner et agir dans un monde qui ne semble plus trop savoir où il va, comment l'aider à garder quelques repères solides ? Madeleine Delbrêl avait l'intuition de ce problème, quand elle écrivait : « Un monde qui a été christianisé semble se vider par le dedans, d'abord de Dieu, puis du Fils de Dieu, puis de ce que celui-ci communique de divin à son Église, et c'est souvent la surface qui s'effondre en dernier[17]. » Même si la

---

17. Madeleine Delbrêl, *Nous autres, gens des rues*, Seuil, Paris, 1966, p. 29.

mentalité contemporaine accepte mal que, dans la lutte contre la misère et l'injustice, les chrétiens lient la pauvreté au bonheur, nous pouvons témoigner que cette attitude comporte une note de simplicité et de joie.

L'esprit et la pratique de la pauvreté sont comme un puits de lumière dans des existences aussi variées que celles de saint Louis ou saint François au XIIIe siècle, des sœurs de Mère Teresa, un peu partout dans le monde aujourd'hui, ou de Gabriel Rosset, le fondateur du Foyer « Notre-Dame des sans-abri », un homme à la fois actif et silencieux, dont le procès de béatification vient d'être ouvert à Lyon. À chaque génération, surgissent des figures brûlantes qui nous montrent que le premier et le second commandement ne font qu'un[18]. Dans leur vie, l'amour de Dieu et celui du prochain sont indissociables. Car, en vérité, Dieu mérite plus d'amour que le monde ne lui en donne, les hommes aussi d'ailleurs, surtout ceux dont il est question dans les Béatitudes.

> « À travers le P. Chevrier, je veux rendre hommage à tous les apôtres qui se font bon pain pour leur peuple : ouvriers, chômeurs, immigrés... »
>
> Jean-Paul II.

18. Cf. Matthieu 22, 36-40.

Des initiatives

« Votre charité se donne de la peine » (1 Thess 1, 3)

Dans le diocèse de Lyon, quelques initiatives ont été prises pour aider les toxicomanes et leurs familles dans leur épreuve. Si d'autres bonnes volontés, décidées à coopérer dans ce vaste chantier, veulent se manifester, elles seront accueillies avec joie.

Depuis l'an dernier, a été lancée une École de la charité, appelée « Année Effata ». Ce nom vient de l'Évangile de saint Marc (7, 31-37), où Jésus guérit un sourd-muet en disant « Effata ! Ouvre-toi ». Il s'agit de proposer aux jeunes, pendant l'année scolaire, un certain nombre de services, en lien avec des associations qui travaillent auprès des personnes en difficulté, les « blessés de la vie » comme les appelait Jean-Paul II : visite de personnes âgées avec les Petits Frères des pauvres, soutien scolaire avec le Secours catholique, aide aux jeunes handicapés avec le Foyer de l'Arche et le SCEJI, actions de solidarité avec le Tiers-monde, commerce équitable avec le CCFD.

« Cap mission », par ailleurs, avec son slogan tonique : « Pour être proches de ceux qui sont loin sans être loin de ceux qui sont proches », invite les jeunes à consacrer plusieurs mois ou plusieurs années pour partir à l'autre bout du monde avec différents services de coopération pour évangéliser les cités et les banlieues de l'agglomération lyonnaise.

Pour tous renseignements : Service de la Pastorale des jeunes du diocèse de Lyon (6, av. Adolphe Max, 69005 Lyon). Site Internet : http://jeunes-lyon.cef.fr

VIII

Désirer des prêtres et les former

« Un prêtre saint, pauvre, est toute richesse »
P. Chevrier.

Pour le P. Chevrier, la formation des prêtres était un objectif essentiel, et vraiment une passion. « *Aidez-moi à faire ce que le bon Dieu demande,* écrit-il, *surtout cette œuvre de prêtres pauvres pour les paroisses*[1]. »

« La création d'une école pour la formation des prêtres était, affirme sœur Marie, du Prado, la pensée première du P. Chevrier, mais il n'a pu la réaliser qu'à partir de 1865[2]. » « Il avait un jour confié à une maîtresse de l'atelier de la Croix Rousse*:* "*J'ai envie de faire une pépinière de prêtres, afin d'avoir des prêtres qui soient élevés avec mes enfants pour qu'ils les comprennent bien*"[3]. »

1. *Lettres inédites,* op.cit., p. 118.
2. Procès de béatification, vol. 1, déposition de sœur Marie, int. 15.
3. Procès de béatification, vol. 1, déposition de Mlle Françoise Chapuis, int. 15.

Il est magnifique de parcourir *Le Véritable Disciple* et de voir comment le P. Chevrier aime le sacerdoce, comment il parle ou écrit à ceux qui se préparent à devenir prêtres. On sait le soin qu'il apporte à leur formation, et on n'en finirait pas de citer les passages de ses lettres aux séminaristes. Tout ce qu'il dit est précis, concret, suggestif, et il n'est pas difficile de le transposer dans le langage d'aujourd'hui.

> « *Entendez souvent dans vos prières, dans vos méditations, dans vos recueillements ces paroles du bon Maître:* « Sequere me, sequere me », [Suivez-moi, suivez-moi], *ces paroles qui ont amené Pierre, Jacques, Jean, Philippe et les autres à sa suite et ont fait d'eux des apôtres qui ont marché si courageusement et si vaillamment dans la voie de la pauvreté, de la souffrance et de l'amour.*
> *Je prie pour vous, chers enfants, vous êtes ma consolation dans mes peines et mon espérance dans mes ennuis. Quand je pense que vous catéchiserez un jour les pauvres, que vous vous dévouerez un jour au service du bon Maître, que vous ferez ce que je n'ai pas pu faire moi-même, que vous deviendrez un jour des saints, que vous travaillerez à devenir vraiment d'autres Jésus Christ, que la charité embrasera vos cœurs et vous fera porter de bons fruits qui demeureront toujours, je suis heureux.*

Oh! devenez des saints! C'est là tout votre travail de chaque jour (...) Connaître Dieu et son Christ, c'est là tout l'homme, tout le prêtre, tout le saint. Puissiez-vous y arriver[4] *!* »

Le P. Chevrier n'a pas son pareil pour clamer la grandeur du ministère presbytéral et inviter ceux qui y sont appelés à vivre cette vocation dans l'humilité : « *Que vous allez être grands quand vous serez prêtres, mais qu'il faudra être petits en même temps pour être véritablement de nouveaux Jésus Christ sur la terre. Rappelez-vous bien qu'il faut que vous représentiez la Crèche, le Calvaire, le Tabernacle ; que ces trois signes doivent être comme les stigmates qu'il faudra continuellement porter sur vous : les derniers sur la terre, les serviteurs de tous, les esclaves des autres par la charité, les derniers de tous par l'humilité. Que c'est beau, mais que c'est difficile! Il n'y a que le Saint-Esprit qui puisse nous le faire comprendre*[5]. »

Le Tableau de Saint-Fons qui résume pour Antoine Chevrier toute la révélation chrétienne, il aimerait qu'on le voie concrètement dans la vie du prêtre. Quand il écrit : « *Le prêtre est un homme dépouillé, un homme crucifié, un homme mangé* », il

---

4. Lettre de 1875, cité dans *Antoine Chevrier, Lettres inédites*, op.cit., pp. 69-70.

5. Lettre aux séminaristes à la veille de leur ordination sacerdotale, le 26 mai 1877, citée dans *Antoine Chevrier, Lettres inédites*, op. cit., pp. 81-82.

présente la vie et le ministère des prêtres à partir de ce qui, pour lui, est essentiel dans le Christ :

- le mystère de l'Incarnation aboutissant à la pauvreté de la crèche,
- l'aventure du salut du monde qui a conduit le Christ à aimer jusqu'à la folie de la croix,
- la promesse de sa présence à nos côtés[6] et le réconfort du bon pain pour la route, symbolisés dans le tabernacle.

En lisant le livre du P. Pierre Berthelon, qui dégage avec simplicité les points majeurs du message du P. Chevrier, j'ai retrouvé quelques uns des traits qui me frappent dans le clergé de Lyon depuis quatre ans. Cela peut constituer une belle charte à l'intention de la fraternité sacerdotale de notre diocèse.

Pour le P. Chevrier, dit Pierre Berthelon, « faire des prêtres simples (...) en fait, c'est l'essentiel, le principal, l'âme de tout le reste quand il s'agit de vivre avec la simplicité du *Véritable Disciple*, de vivre simplement auprès des simples et des pauvres pour annoncer l'Évangile du Royaume avec simplicité[7] ».

Que veut dire cette expression : « *Faire des prêtres simples* » ? Entendons-la à partir de la sixième Béatitude : « Heureux les cœurs purs : ils

6. Cf. Matthieu 28, 20.

7. Pierre Berthelon, *Antoine Chevrier, prêtre selon l'Évangile*, Le Centurion, Paris, 1986, p. 81.

verront Dieu[8] ! » Un « cœur pur » voit Dieu à l'œuvre en ce monde et entend ses appels, autant dans la prière et la lecture quotidienne de l'Évangile que dans la vie de ceux auxquels il a été envoyé. Des prêtres simples, ce sont des serviteurs transparents. Cela ne veut pas dire, certes, qu'ils n'ont pas de défauts, mais quand on les voit, on se rappelle l'origine de leur vocation. Une chose est claire : ils ont donné leur vie au Christ, ils lui appartiennent. C'est simple, et cela se voit.

Le P. Chevrier connaît et prend le temps d'énoncer les dangers qui menacent la vie d'un prêtre. Évoquant les instructions sur le pharisaïsme, il écrit : ce sont des « *recommandations que Notre Seigneur Jésus nous fait à nous prêtres surtout. Faites bien attention. Gardez-vous du levain des pharisiens*[9]*, rien n'est plus opposé à l'esprit et à la religion de Notre Seigneur*[10]. »

Dans *Le Véritable Disciple*, « l'article fondamental » pour celui qui envisage de devenir prêtre est un avertissement : « *Avant de suivre réellement Jésus Christ, il faut bien réfléchir*[11]. » Antoine Chevrier donne à ses jeunes compagnons un critère qui vient directement de l'Évangile : « Si quelqu'un veut

8. Matthieu 5, 8.
9. Matthieu 26, 6.
10. *Le Véritable Disciple*, op. cit., p. 460, note 3.
11. *Ibid.*, p. 133.

marcher derrière moi, dit le Seigneur, qu'il renonce à lui-même, qu'il prenne sa croix et qu'il me suive[12]. » Il développe cette maxime dans cinq directions qu'il présente chacune assez longuement :

- renoncer à sa famille et au monde,
- renoncer à soi-même,
- renoncer aux biens de la terre,
- prendre sa croix,
- et le suivre dans la pratique de toutes les vertus évangéliques[13].

Ce langage, aujourd'hui taxé de « négatif », est un peu laissé de côté, mais il ne faudrait pas en minimiser la vérité. C'est avec la phrase suivante de Jésus, dans l'Évangile de Matthieu (« Quel avantage un homme aura-t-il à gagner le monde entier, s'il le paye de sa vie ? » v. 26) que saint François Xavier a été saisi par le Christ, avant d'être envoyé pour évangéliser l'Extrême-Orient. Dans toute vocation chrétienne, il y a la marque d'un absolu de l'amour. Le pasteur Dietrich Bonhoeffer, qui garda la liberté du témoignage chrétien jusque dans la persécution nazie, souligne bien, dans son commentaire du Discours sur la montagne, que « le christianisme à bon marché » n'existe pas, et il déclare ne croire qu'à « la grâce qui coûte ».

Il reste que le P. Chevrier – est-ce une caractéristique de son époque ? – semble oublier d'autres

12. Matthieu 16, 24.
13. *Le Véritable Disciple,* op. cit., p. 134.

passages de l'Évangile, moins rudes, mais tout aussi importants et stimulants : « Mettez-vous à mon école, car je suis doux et humble de cœur, et vous trouverez soulagement pour vos âmes[14]. » Le Seigneur ne laisse pas toujours son disciple derrière lui ; il l'appelle aussi à venir à ses côtés : « Je ne vous appelle plus serviteurs, car le serviteur ignore ce que veut faire son maître ; maintenant, je vous appelle mes amis, car tout ce que j'ai appris de mon Père, je vous l'ai fait connaître[15]. » Cette intimité est source d'une grande joie pour celui qui a donné sa vie au Christ, et qui se lance dans le service de l'Évangile et de ses frères.

À la fin de la prière eucharistique, au moment où le « peuple saint » s'apprête à rencontrer le Père et à lui parler avec confiance, une formule concise et vigoureuse résume le lien qui unit le Seigneur à ses disciples : « Par Lui, avec Lui et en Lui, à toi, Dieu le Père tout-puissant... » Marcher derrière Lui, comme des disciples, c'est arriver « par Lui » à la maison du Père. Qu'il nous appelle ses amis, c'est un cadeau merveilleux et inattendu qui nous permet de marcher « avec Lui », à ses côtés. Et la réalité ultime de notre vie chrétienne, c'est que le baptême nous a plongés « en Lui », mystère de grâce que saint Paul essaie

14. Matthieu 11, 28.
15. Jean 15, 15.

d'exprimer : « Votre vie reste cachée avec le Christ en Dieu. Quand paraîtra le Christ, votre vie, alors vous aussi, vous paraîtrez avec lui en pleine gloire[16]. »

Le charisme du P. Chevrier, c'est à nous de le faire fructifier aujourd'hui. Je me réjouis de savoir que la communauté du Prado est sollicitée pour donner des sessions aux formateurs de prêtres dans le monde entier. En Chine, par exemple, où les séminaires ont été fermés pendant plusieurs décennies, les équipes responsables sont encore peu expérimentées. On y fait appel aux prêtres du Prado qui, fidèles au charisme de leur fondateur, contribuent à donner les bases qui manquent.

Ce point si important de la pensée et de l'action du P. Chevrier n'est pas seulement l'affaire de la « famille pradosienne ». Il concerne l'Église entière qui a aujourd'hui un si grand besoin de ministres ordonnés. Il faut commencer par prier à cette intention. Dans l'Évangile, on voit souvent Jésus en prière, avant le choix des Douze ou avant la transfiguration ; on connaît même les mots de sa prière, avant de ressusciter Lazare ou quand il tressaille de joie sous l'action de l'Esprit Saint[17]. La veille de sa Passion, dans la « prière sacerdotale »,

16. Colossiens 3, 3-4.
17. Cf. Jean 11, 41-42 et Luc 10, 21.

il porte devant le Père ses proches qui vont continuer sa mission et tous ceux qui, dit-il, « accueilleront leur parole et croiront en moi[18]. » Il évoque surtout l'unité des disciples comme une intention-clé, pour que leur témoignage soit reçu : « Qu'ils soient un en nous, eux aussi, pour que le monde croie que tu m'as envoyé[19]. »

Le Seigneur dit qu'il faut prier « sans cesse et sans jamais se décourager[20] », mais il indique rarement des intentions précises. Je n'en connais que trois : prier pour ceux qui nous maltraitent ou nous persécutent[21], « prier pour ne pas entrer en tentation[22] », et surtout prier pour les vocations. C'est l'intention la plus développée : « La moisson est abondante, mais les ouvriers sont peu nombreux. Priez donc le maître de la moisson d'envoyer des ouvriers à sa moisson[23]. » Il ne s'agit pas là seulement de l'appel du Seigneur qu'il faut répercuter à l'entour pour que tous travaillent ensemble à la vigne du Seigneur[24]. Cette image de la moisson évoque aussi le Royaume qui vient jusqu'à nous : « Levez les yeux et regardez les champs qui se

18. Jean 17, 20.
19. Jean 17, 21.
20. Luc, 18, 1.
21. Cf. Matthieu 5, 44 et Luc 6, 28.
22. Luc 22, 46.
23. Luc, 10, 2.
24. Cf. Matthieu 20, 4 et 7 : « Allez, vous aussi, travailler à ma vigne. »

dorent pour la moisson[25]. » Le diacre et le prêtre savent, au moment où ils revêtent l'étole, qu'ils vont accomplir dans leur ministère une œuvre d'éternité.

Prier pour que des hommes entendent l'appel du Seigneur à distribuer les biens du Père à tous ses enfants, c'est une intention qui peut nous habiter chaque fois que nous prononçons le Notre Père. Quand nous disons : « Donne-nous aujourd'hui notre pain de chaque jour », nous pouvons ajouter en secret : « Donne-nous aussi les prêtres pour cuire ce pain, et les diacres pour le distribuer et servir la table de ton Royaume ». Quand nous arrivons à la difficile demande du pardon : « Pardonne-nous nos offenses… », nous penserons : « Et donne à ton Église les prêtres pour transmettre ton pardon et les diacres pour célébrer le baptême pour la rémission des péchés ». Reprenant une initiative du cardinal Decourtray, j'ai invité depuis l'an dernier les communautés à une heure d'adoration par mois pour les vocations, et je participe à celle qui a lieu dans la Primatiale chaque premier vendredi du mois, de 17 heures à 18 heures.

Nous prions aussi pour les séminaristes. Dans notre diocèse, ils sont actuellement une vingtaine à suivre le long chemin de formation humaine,

---

25. Jean 4, 35.

spirituelle et théologique qui leur est demandé. Ils sont heureux de savoir que la prière de tous ceux qu'ils auront à servir plus tard les accompagne déjà durant ces années de formation, qui sont aussi parfois des moments d'épreuve. Chaque matin, je pense à eux en priant le Cantique de Zacharie qui exprime sa joie devant Jean-Baptiste qui vient de naître :

> « Et toi, petit enfant tu seras appelé prophète du très Haut ;
> tu marcheras devant à la face du Seigneur et tu prépareras ses chemins,
> pour donner à son peuple de connaître le salut, par la rémission de ses péchés[26]. »

> « Le prêtre pauvre, c'est celui qui vit selon les Béatitudes »
>
> Jean-Paul II.

---

26. Luc 1, 76.

Pèlerinage interdiocésain à Ars

Le 8 mai 2007, les évêques de notre Province invitent tous les diocésains (les fidèles et les prêtres, les religieuses, les religieux, les familles…) à un pèlerinage vers le sanctuaire d'Ars pour demander à Dieu les prêtres et les diacres dont le monde et nos communautés ont besoin.

Des propositions diverses (d'animation, de marche…) seront faites selon les lieux de départ, adaptées aux différents âges, mais tous convergeront vers le village où saint Jean-Marie Vianney a été curé. Là, nous aurons le temps de prier personnellement, de recevoir le sacrement du pardon, et ensemble, nous écouterons une catéchèse avant de participer à la célébration de l'Eucharistie.

À cette occasion, sera distribuée une « Prière pour les vocations », et je souhaite qu'elle devienne familière dans nos communautés, qu'on prenne l'habitude de la dire lors d'une réunion ou à la fin d'une Eucharistie.

IX

Aimer l'Église

> « Comme lui, aimez l'Église, travaillez avec elle, pour elle. Il n'y a pas de disciples ou de témoins en dehors de l'Église »
>
> *Jean-Paul II aux Pradosiens.*

La dernière des quatre consignes laissées par Jean-Paul II à la famille du Prado était : « Appuyez-vous toujours sur Jésus Christ et sur l'Église[1]. » Il est clair qu'Antoine Chevrier aimait l'Église, non pas l'Église idéale, celle dont on peut rêver, mais l'Église concrète, celle dont les pesanteurs nous affligent, les incompréhensions nous blessent et, parfois même, les infidélités nous scandalisent. Il savait qu'elle est « toujours à réformer », et son action missionnaire travaillait activement à ce renouvellement. Mais son amour de l'Église reposait d'abord sur un acte de foi : « *L'Esprit de Dieu est dans l'Église, dans le pape, dans les saints, dans un bon règlement tiré de l'Évangile et approuvé par l'Église*[2]. »

Son esprit d'initiative ne l'a jamais éloigné de l'obéissance qui est une garantie de liberté. Il

---

1. Allocution de Jean-Paul II, Rencontre avec la famille pradosienne, *Doc. Cath.*, 2 novembre 1986, n° 1927, p. 1006.
2. *Le Véritable Disciple*, op. cit., p. 226.

veillait à mettre ses nombreux projets apostoliques sous le regard de l'archevêque qui l'estimait et l'accompagnait attentivement, mais ne le comprenait pas toujours[3]. Dans les hésitations et les discussions qui surviennent souvent au moment de choix importants, le recours à l'autorité lui semblait normal. Si l'archevêque donnait une autorisation ou faisait connaître sa décision, il l'acceptait simplement et tout devenait clair pour lui[4].

Le P. Chevrier sait qu'il a besoin des autres pour travailler plus efficacement à l'édification de l'Église. Il se sent incapable d'être fidèle à la grâce qu'il a reçue si des frères et des sœurs ne sont pas à ses côtés pour l'aider. « *Il me faudrait quelqu'un là, constamment à côté de moi qui me pousse et me rappelle ce que je dois faire. Que je suis malheureux !... Pendant bien des années, je disais au bon Dieu : Mon Dieu, si vous avez besoin d'un pauvre, me voilà, si vous avez*

---

3. Le P. Chevrier a exercé son ministère sous l'autorité de trois évêques : le cardinal de Bonald (jusqu'en 1870), Mgr Ginoulhiac (1870-1875) et le cardinal Caverot (de 1876 à 1879). Sur ce sujet, on peut se reporter à l'étude de Mgr Ancel dans *Le Prado, la spiritualité apostolique du P. Chevrier*, Cerf, Paris, 1982, aux pages 185-190, intitulées : « Le P. Chevrier, le pape et les évêques ».

4. Lorsque Sr Marie lui demanda de quitter la Cité de l'Enfant-Jésus, le P. Chevrier, pour ne pas porter préjudice à l'œuvre de C. Rambaud, qui était alors à Rome pour se préparer à devenir prêtre, lui déclara qu'il ne pourrait le lui permettre que si le cardinal de Bonald le voulait. Elle alla sur le champ à l'archevêché et obtint ce qu'elle demandait. Le seul commentaire du P. Chevrier fut : « *Je n'ai rien à dire, puisque Son Éminence vous a donné l'autorisation.* » (Antoine Chevrier, *Lettres inédites*, pp. 22 à 27 et P. Berthelon, *Antoine Chevrier prêtre selon l'Évangile*, Centurion, Paris, 1986, p. 58.)

besoin d'un fou, me voilà et je sentais que j'avais la grâce pour faire tout ce que le bon Dieu aurait demandé de moi, et maintenant qu'il faudrait agir, je suis paresseux, je suis lâche. Oh! s'il n'y a pas des âmes qui prient pour moi, qui me poussent, je suis perdu. Si le bon Dieu m'envoyait un bon confrère, qui comprît bien l'œuvre de Dieu, alors je me sentirais plus de courage, plus de force, mais seul, toujours seul, je sens que je n'ai pas la force ou il faudrait une grâce extraordinaire...[5] »

Humilité ou découragement? On a l'impression que ces sentiments se mélangent; la biographie d'Antoine Chevrier nous offre une vérification de l'adage: « On ne peut pas être chrétien tout seul ». Il vit, il travaille et il renouvelle sa vocation spirituelle et son élan missionnaire au contact de ceux que le Seigneur lui donne de croiser: un laïc comme Camille Rambaud qui lui révèle comment peut être vécu le chemin de la pauvreté; un prêtre comme le curé d'Ars; des femmes comme Amélie Visignat et Marie Boisson avec lesquelles il est entièrement tourné vers *l'œuvre de Dieu*. Il entend donner dans cette collaboration « un témoignage perceptible et sans équivoque de fidélité au célibat dans un monde qui n'y croyait guère »[6]. Le travail en commun est parfois

5. *Lettres inédites*, op. cit., pp. 117-118.

6. P. Berthelon, *Antoine Chevrier prêtre selon l'Évangile*, op.cit., p. 60. Pour la collaboration avec les femmes, on peut consulter aussi *Antoine Chevrier, Lettres inédites*, op. cit., p. 84-86, et surtout *Antoine*

de courte durée ou difficile. Son vicaire à la paroisse du Moulin-à-Vent s'y fait nommer curé à sa place sans le prévenir ; un confrère du Prado ne cesse de le critiquer ouvertement. On a l'impression de retrouver l'ambiance houleuse de certains passages des *Actes des Apôtres* : « Il y eut un grand emportement, à tel point que… » Paul et Barnabé se séparèrent[7]. Ainsi, Antoine Chevrier doit faire face à de nombreuses épreuves, et même à certaines infidélités de ses frères qui s'apparentent à des trahisons. Il ne comprend pas bien le sens de tout ce qui lui arrive, mais il garde une attitude confiante.

Le P. Chevrier était très attaché à Rome. Il considérait vraiment comme une grâce pour ses séminaristes de pouvoir y vivre une partie de leur formation. Mais lui n'était pas très à l'aise devant tout le faste de la Ville éternelle. Durant son premier voyage, en 1859, il assiste à un office grandiose dans la chapelle Sixtine, en présence du pape entouré d'une trentaine de cardinaux, et il écrit : « *Il faut avouer que tout cela est imposant et que nulle part la religion ne revêt plus de grandiose et de splendeur ; cependant j'aurais préféré voir la crèche du bon Jésus et être berger pour avoir le bonheur d'être dans l'étable du*

Chevrier, Le chemin du disciple et de l'apôtre, op. cit., pp. 107-109 et 112-116.

7. *Actes des Apôtres* 15, 39.

bon Sauveur[8]. » Malgré ces réserves, il est intéressant de savoir qu'il est allé quatre fois à Rome, alors qu'il n'a jamais fait le voyage de Paris.

En un siècle et demi, l'Église, comme un corps vivant, s'est transformée. Le P. Chevrier ne connaissait pas le diaconat permanent, et la conception du laïcat dont nous vivons aujourd'hui, n'est pas la sienne. Dans les années 1930, le pape Pie XI a montré aux laïcs leur responsabilité dans la société, en encourageant le témoignage et la présence missionnaire des chrétiens dans le monde. Ainsi, l'intuition de l'Action Catholique se déploie à travers de nombreux mouvements depuis plus de soixante-dix ans. Le Concile Vatican II a donné à ce sujet un enseignement dans le *Décret sur l'Apostolat des laïcs* : « À tous les chrétiens incombe la très belle tâche de travailler sans cesse pour faire connaître et accepter le message divin du salut par tous les hommes sur toute la terre » (n. 2). Cette réflexion a été reprise et approfondie par le Synode de 1987 et l'Exhortation apostolique *Les fidèles laïcs du Christ* (du 30 décembre 1988), bâtie sur l'appel du Maître au travail missionnaire : « Allez vous aussi à ma vigne[9]. »

---

8. Pierre Berthelon, *Antoine Chevrier, prêtre selon l'Évangile*, op. cit., pp. 124-15.

9. Matthieu 20, 4 et 7.

Certains accents du texte conciliaire auraient réjoui le P. Chevrier : « La charité divine, qui “est répandue dans les cœurs par l’Esprit-Saint qui nous a été donné [10]”, rend les laïcs capables d’exprimer concrètement dans leur vie l’esprit des Béatitudes. Suivant Jésus pauvre, ils ne connaissent ni dépression dans la privation, ni orgueil dans l’abondance ; imitant le Christ humble, ils ne deviennent pas avides d’une vaine gloire (...). Prêts à tout abandonner pour le Christ (...) ils se souviennent de la parole du Seigneur : “Si quelqu’un veut venir à ma suite, qu’il se renie lui-même, qu’il se charge de sa croix et qu’il me suive”.[11] »

En lisant ce passage, très « pradosien » si l’on peut dire, je pense aux « Animateurs laïcs en pastorale » (ALP) de notre diocèse, que nous appelons maintenant les « Laïcs en mission ecclésiale ». À chacune et chacun d’eux, je voudrais dire ma gratitude pour la place et la responsabilité qu’ils prennent dans notre Église diocésaine. Nous pouvons nous imprégner de certaines des vigoureuses consignes du P. Chevrier, qui ont été écrites pour les prêtres ou les religieuses, mais sont valables pour tous : « *Les gens ne viennent pas, il faut aller les chercher* », « *Il ne s’agit pas aujourd’hui de se caserner*

---

10. Romains 5, 5.
11. *Décret sur l’Apostolat des laïcs,* n° 4.

dans une maison et de ne s'occuper souvent qu'à des riens, des bêtises ou des bavardages. Il faut aujourd'hui des hommes et des chrétiens d'action qui instruisent le peuple et exercent la charité dans le monde[12]. »

« Au sein de l'Église, nous avons besoin d'hommes et de femmes qui nous rappellent la force et la liberté que donne la pauvreté apostolique. Soyez pauvres et simples dans votre style de vie, de telle sorte que les hommes saisissent la beauté de la pauvreté évangélique. »

Jean-Paul II aux Pradosiens.

---

12. *Le Véritable Disciple*, op.cit., p. 450.

X

Renouveler la catéchèse

« Tout mon désir serait de préparer de bons catéchistes à l'Église » Antoine Chevrier.

Pour le P. Chevrier, la catéchèse est une préoccupation majeure, son travail de chaque jour auprès des enfants, mais aussi auprès des adultes qui fréquentent la chapelle du Prado. « *Tous les jours faire le catéchisme, tous les jours être pauvre*[1] ». Une phrase d'une rare beauté ! Le catéchisme est un « faire », mais il est indissociable d'un « être »; il correspond à une attitude, une disposition intérieure. Faire *le* catéchisme et non *du* catéchisme – car ce n'est pas une matière que l'on enseigne parce qu'on en serait un spécialiste –, ce n'est rien d'autre, pour lui, que d'être pauvre. On l'imagine en prière, demandant à Dieu la pauvreté du cœur et le feu de l'amour intérieur, avant d'aller auprès de ceux qu'il va catéchiser. C'est ainsi qu'il pourra montrer le visage du Christ et continuer son œuvre.

---

1. *Le Véritable Disciple*, op. cit., p. 333.

Par deux fois, le pape Jean-Paul II est revenu sur ce thème dans l'homélie de la Messe de béatification, le 4 octobre 1986, en citant le P. Chevrier qui écrit : « *Catéchiser les hommes, c'est la grande mission du prêtre aujourd'hui*[2] », et qui s'exclame : « *Savoir parler de Dieu, que c'est beau*[3] *!* ».

Antoine Chevrier veut se donner à cette tâche : « *J'irai au milieu d'eux, je vivrai de leur vie ; ces enfants verront de plus près ce qu'est le prêtre et je leur donnerai la foi*[4]. » Et il veut y entraîner les autres, mais il est conscient que c'est une mission difficile. Pour l'accomplir, il faut trouver la perle rare : « *Oh ! pour une âme qui ferait bien le catéchisme, qui aurait bien l'esprit de pauvreté, d'humilité et de charité, pour cette âme je donnerais tout le Prado ! Pour faire le travail matériel, je trouve assez de monde, mais pour bien faire le catéchisme, mettre la foi, l'amour de Notre Seigneur dans les âmes, il y en a très peu, presque pas…*[5] »

---

2. *Lettres inédites*, op. cit., p. 59. Homélie de Jean-Paul II, *Doc. Cath.*, 2 novembre 1986, n° 1927, p. 944.

3. *Lettres inédites*, op. cit., p. 69. Homélie de Jean-Paul II, *Doc. Cath.*, 2 novembre 1986, n° 1927, p. 945.

4. *Écrits spirituels*, op. cit., p. 57.

5. *Écrits spirituels*, op. cit., p. 98. On peut rapprocher ce souci d'une correspondance intérieure entre la parole et la vie de celui qui la transmet, de l'angoisse exprimée par Tatiana Goritcheva dans son livre *Parler de Dieu est dangereux*. Après avoir souffert pour sa foi et été expulsée d'URSS, elle est choquée, en arrivant en Europe occidentale, de voir que certains parlent de Dieu comme un spécialiste traite d'un sujet qu'il connaît. Leur suffisance la blesse.

Cent cinquante ans plus tard, les circonstances ont complètement changé certes, mais l'urgence et l'enjeu restent les mêmes. L'initiation des enfants suscite depuis longtemps un admirable dévouement dans nos communautés. Ces dernières décennies, le contexte social, la baisse des effectifs, le changement des horaires scolaires ont passablement déstabilisé l'institution du catéchisme. Les services de la catéchèse, tant au niveau national que dans les diocèses, font preuve d'une grande ingéniosité pour faire face à ces difficultés.

Des méthodes nouvelles sont apparues. Depuis quelques années, au cours des visites pastorales, j'ai découvert le « caté-vacances », l'École du dimanche inspirée des communautés protestantes, la « catéchèse décloisonnée », le parrainage des enfants catéchisés, notamment pour les années de préparation de la première communion et de la profession de foi… Certaines paroisses ont fait le choix d'emmener les enfants pendant plusieurs jours, lors de petites vacances, dans un sanctuaire pour y donner l'équivalent de la catéchèse d'une année entière dans un cadre plus spirituel et au cours d'un temps fort. Nombreux sont ceux qui ont tout recentré sur le dimanche, pour que l'expérience catéchétique elle-même fasse comprendre aux enfants que l'Eucharistie est la source et le sommet de toute la vie de l'Église.

Ce n'est plus, comme au temps du P. Chevrier, le prêtre seul qui s'adresse aux enfants, mais des équipes de catéchistes se mêlent à eux et « plongent » au milieu d'eux pour les servir, eux et leurs familles. Je suis heureux de leur dire la reconnaissance de tout le diocèse pour le temps donné et le service inestimable qui est rendu. La présence d'un prêtre parmi les catéchistes, sa parole dans les temps forts ou les étapes de l'initiation chrétienne des enfants, leur permet de toucher au mystère même du baptême. Le prêtre est pour eux le signe qu'ils ont été greffés sur le Christ. Il est, comme aimait dire Jean-Paul II, une « icône du Christ » présent au milieu de nous ou, pour utiliser les mots du P. Chevrier, un « *bon pain* » qui les invite à devenir, à leur tour, nourriture pour les autres.

La catéchèse des enfants est un vaste chantier pour l'ensemble de l'Église de France. La Conférence des évêques a publié un texte invitant chaque pasteur à donner des orientations pour son diocèse en ce domaine. C'est un point auquel nous nous attelons particulièrement cette année, avec le Service Diocésain de la catéchèse. Les instruments pédagogiques ne manquent pas et de nombreux diocèses sont en train d'en publier de nouveaux. Quant à nos objectifs principaux, ils sont simples :

- Inviter l'enfant à donner place au Seigneur dans la vie quotidienne ; c'est le temps de la prière.

- Associer les familles au parcours des enfants, pour qu'ils entendent parler de Dieu à la maison, et pas seulement « au catéchisme ».
- Proposer aux enfants d'aménager un espace pour Dieu dans leur chambre ; leur faire découvrir et aimer les signes, à commencer par le signe de la Croix, et d'autres symboles comme le livre de la Parole, une bougie, une petite icône…
- Peupler leur mémoire avec la Parole de Vie, en apprenant par cœur le Notre Père et quelques prières ou textes essentiels comme les Béatitudes, le Je vous salue Marie ou le *Magnificat*… C'est un cadeau pour toute la suite de leur vie.
- Enfin, par le chemin de l'initiation chrétienne, montrer aux enfants et aux jeunes qu'ils ont leur place dans la famille de l'Église. Ils sont, avec les adultes, les membres d'un corps qui se réunit le Jour du Seigneur pour la célébration de l'Eucharistie, un corps qu'il faut veiller à ne pas mutiler, un corps où nous avons tous besoin les uns des autres.

L'expression « initiation chrétienne » est belle et importante à écouter. Elle désigne l'ensemble des trois sacrements du baptême, de la confirmation et de l'Eucharistie, comme un chemin au terme duquel le jeune disciple du Christ aura découvert le lien mystérieux qui l'unit au

Seigneur, et sa place dans la grande famille de l'Église. Celui à qui l'on a appris comment prier, comment demander et recevoir le pardon de ses péchés, comment participer à l'Eucharistie et se nourrir du Pain de vie, dans la force de l'Esprit reçu à la confirmation, est appelé, avec cet « équipement » comme dit saint Paul[6], à se lancer dans l'aventure de l'évangélisation et de la construction de l'Église. Le premier témoignage que les confirmés ont à donner, c'est justement d'aller à la Messe dominicale et de montrer qu'ils font corps avec tous leurs frères et sœurs qui sont membres de l'Église. Et il ne faudrait pas mutiler le corps ! Aux JMJ de Cologne, en août 2005, Benoît XVI a su montrer aux jeunes comment ce choix donnerait sens à la liberté qui leur est laissée dans le week-end[7].

Initiation veut dire aussi qu'il y a une suite. Chaque communauté doit considérer la catéchèse des grands jeunes et des adultes comme sa mission première, conformément à la recommandation du Seigneur : « Allez, enseignez toutes les nations[8]. » On a souvent dit que les jeunes ont été lassés par les années de catéchèse, qu'ils ne supportent plus les enseignements. Certes, il faut trouver la manière de leur parler, mais le verbe « enseigner »

6. Éphésiens 4, 12.
7. Homélie de la Messe du 21 août 2005, à Marienfeld (Cologne).
8. Matthieu 28, 9.

a une place magnifique dans l'Évangile et dans le ministère de Jésus lui-même. Ils aiment les témoins, mais ils sont touchés par les témoins qui sont en même temps des maîtres. Et l'expérience des JMJ montre que, non seulement les jeunes ne boudent pas les catéchèses, malgré la fatigue de ces rassemblements, mais qu'ils y participent activement. Après l'enseignement, ils travaillent en carrefours, les questions fusent, ils veulent éclairer et fonder leur foi.

La catéchèse est donc pour tous. Comme le Service Diocésain de l'Initiation Chrétienne veille à ce que les enfants puissent recevoir ce dont ils ont besoin pour prendre leur place dans la communauté de l'Église, le Service Diocésain de la Formation (SEDIF) offre sa compétence pour que le bon pain de la doctrine soit partagé à tous les âges, et il encourage les paroisses, les sanctuaires ou les communautés dans cet aspect premier de la mission. Il propose aussi, en lien avec l'Université Catholique de Lyon, des formations plus longues et structurées à ceux qui envisagent de prendre des responsabilités dans l'Église[9].

9. Donnerai-je des exemples? Au moment de l'offrande des Nouveaux Testaments, en 2004 (comme l'an passé pour les *Actes des Apôtres*), le SEDIF avait préparé tout un équipement pour vivre l'événement et savoir faire cette proposition. Quelques paroisses en avaient profité pour présenter le texte de *Dei Verbum* qu'on appelle « la perle du Concile Vatican II », mais qui n'est pas très lu ni très connu.

Le Catéchisme de l'Église catholique

Il a été publié en 1992 et revu en 1997. Nous avons donc la chance d'être contemporains de cet effort que l'Église a fait pour exprimer la foi catholique reçue des Apôtres dans la culture et le langage d'aujourd'hui.

Le précédent catéchisme universel datait de 1562. Bien sûr, il était bâti sur la même structure, mais les accents, quelques décennies après la grave blessure de la Réforme n'étaient pas les mêmes. On y parlait beaucoup des sacrements qui faisaient alors difficulté, et beaucoup moins de l'acte de foi, de sa confrontation avec l'incroyance, la science ou la technique, qui sont les problèmes d'aujourd'hui. Grâce à ce livre, tous pourront être au clair sur ce que l'on appelle « les quatre piliers de la foi catholique » :

1. **Le *Credo*.** Ce que Dieu nous dit vient de l'Écriture comme source de l'ensemble de la Révélation et des engagements du Magistère. Tout cela se trouve condensé dans le *Credo*, qui sera toujours à approfondir

2. **Les sept sacrements.** Ce que Dieu nous donne, c'est la grâce qui accompagne tous les moments de notre existence ; c'est aussi l'invitation à entrer dans la louange du Fils Bien-aimé par la liturgie. Les sept sacrements sont un lieu visible de la communication de cette vie de Dieu à ses enfants.

3. **Les dix commandements.** Ce que Dieu nous demande, c'est de mener notre vie dans l'Esprit. Telle est notre vocation. Jésus a montré le chemin

de cette humanité dès le début de sa prédication, par la proclamation des Béatitudes. Pour lui, les dix commandements sont une charte de base pour la vie humaine, et se résument dans le grand commandement de l'amour.

4. **Le Notre Père.** Ce que nous disons à Dieu. Au fil des siècles, les hommes ont trouvé d'innombrables chemins pour rencontrer Dieu dans la prière. Mais la plus belle de toutes, c'est celle qui est sortie des lèvres du Seigneur Jésus.

Conférences de Carême 2007

En 2007, j'assurerai moi-même les prédications de Carême à la Basilique Notre-Dame de Fourvière, en donnant un commentaire du Notre Père, les dimanches : 25 février, 4, 11, 18 et 25 mars, à 15 h 30.

Le Notre Père est une prière qui est peut-être trop connue pour l'être bien. Elle demande à être régulièrement « réveillée » en nous.

Un modèle de catéchèse : Jean 14

Dans le discours d'adieux de Jésus, qui est comme son testament spirituel dans l'Évangile selon saint Jean, on peut regarder le chapitre 14 comme un modèle de catéchèse.

1. **Nous marchons avec le Christ.** À une question de Thomas : « Seigneur… comment pourrions-nous savoir le chemin ? », Jésus répond : « Je suis le chemin, la vérité et la vie » (v. 6). À partir de la figure de Jésus, on peut lire et commenter, dans l'Écriture, tout ce qui Le révèle, et présenter l'ensemble de la foi chrétienne dont il est le cœur.

2. **Vers le Père**. L'apôtre Philippe demande ensuite : « Seigneur, montre-nous le Père ». Jésus, déçu par la question, répond : « Celui qui m'a vu a vu le Père » (v. 9), ce qui peut nous amener à présenter toute la vie de communion avec Dieu à laquelle nous sommes invités, par la vie spirituelle et les sacrements.

3. **Sur les chemins du monde.** Plus loin, dans ce même chapitre, Jude demande encore à Jésus : « Seigneur, pour quelle raison vas-tu te manifester à nous et non pas au monde ? ». En partant de la réponse du Seigneur, on peut développer une catéchèse sur la mission et l'évangélisation, sur l'agir chrétien, dans le domaine moral, social ou politique, qui a pour but ultime la paix à faire dans le monde (v. 27).

Les laboratoires de la foi

« Nous rendons grâce à Dieu…
à cause du travail de votre foi » (1 Thess 1, 2-3)

À Rome, en août 2000, Jean-Paul II avait comparé certaines rencontres de l'Évangile, où Jésus « travaille » la foi de ses disciples, avec les JMJ. Et il avait eu une belle expression : « C'est comme un laboratoire de la foi », avant de faire cette suggestion : « Faites, dans vos diocèses, des laboratoires de la foi ».

Le Service de la Pastorale des Jeunes se lance dans ce projet pour permettre aux jeunes qui poursuivent leurs études de recevoir en quatre semaines, réparties sur plusieurs années, une formation solide, en harmonie avec leur niveau de culture :

- Semaine I : Les quatre piliers de la foi catholique ;
- Semaine II : La Parole de Dieu, le Christ et la Bible ;
- Semaine III : L'Église et les sacrements ;
- Semaine IV : Le chrétien dans le monde.

Site Internet : http://jeunes-lyon.cef.fr

Conclusion

« …*En* montrant *Jésus Christ au monde* »
P Chevrier

Mardi 19 avril 2005. Il est à peine plus de 17 h 30, dans la chapelle Sixtine. Le Conclave est terminé. Benoît XVI vient d'accepter la charge de successeur de Pierre. Il prend la parole pour expliquer le nom qu'il vient de choisir. De mémoire, je me souviens qu'il a fait allusion à Benoît XV, qui ne resta pas longtemps pape et qui travailla surtout à la paix : « Je voudrais vivre un pontificat de paix et de réconciliation, dit alors Benoît XVI, un pontificat de travail, qui sera sans doute aussi chargé de souffrance. »

Il évoqua ensuite la famille bénédictine et la dimension contemplative de ce nom, et rappela que saint Benoît est le patron de l'Europe en train de se construire. Puis il termina en disant : « Nous n'avons d'autre but que de suivre le Christ, de le servir, de l'annoncer, et si possible… de le *montrer* par toute notre vie ».

Quel verbe merveilleux ! Il n'a pas dû être transmis aux journalistes, car je ne l'ai pas vu apparaître dans les médias. Il révèle une ambition spirituelle qu'on peut souhaiter à l'Église entière. Jamais l'Église ne vivra parfaitement l'amour qui lui est demandé et qu'elle enseigne. Jamais, elle ne donnera à voir toute la lumière du visage de Celui dont elle témoigne, et pourtant c'est sa principale mission.

Il y a cinquante ans, on a reproché à l'Église d'être triomphaliste. Je ne sais pas si cette critique était justifiée, mais il ne faudrait pas, quand les choses vont aujourd'hui vers une grande pauvreté, que nous éprouvions du ressentiment ou du découragement. Ce serait le même péché en sens contraire, une sorte d'orgueil inversé.

L'Évangile nous enseigne que le Seigneur, aussi bien lorsqu'il avance au milieu des foules qui se pressent pour l'écouter, que lorsqu'il est seul et abandonné de tous, demeure obéissant, et uniquement occupé à faire la volonté de son Père. Le cantique du prophète Habacuc peut nous aider à vivre humblement les heures difficiles, en avançant dans l'action de grâce :

« Le figuier n'a pas fleuri ;
Pas de récolte dans les vignes.
Le fruit de l'olivier a déçu…
L'enclos s'est vidé de ses brebis
Et moi, je bondis de joie dans le Seigneur,

J'exulte en Dieu, mon sauveur!
Le Seigneur mon Dieu est ma force[1] ».

Mgr Alfred Ancel, évêque auxiliaire de Lyon et longtemps supérieur général du Prado, a beaucoup contribué au rayonnement international de la communauté. Comme il avait écrit du P. Chevrier: « C'est un petit qui est devenu grand », son successeur avait inversé la formule pour le remercier de tout ce qu'il avait apporté, en lui disant: « Vous êtes un grand (par les origines sociales, la culture, les responsabilités) qui êtes devenu un petit.[2] ». Cette formule m'a d'abord amusé, puis vraiment intéressé, et je me suis dit qu'on pouvait la transposer, en demandant au P. Chevrier d'aider la grande Église de Lyon à devenir petite. Élargissons à tout notre diocèse une des consignes laissées par Jean-Paul II à la famille du Prado avant de quitter Lyon: « Que votre caractère distinctif soit toujours la simplicité et la pauvreté[3]. »

Certes, nous n'avons aucune envie de passer sous silence ou d'oublier l'histoire de cette ancienne et illustre église. C'est une lumière qui

1. Habacuc 3, 17-18.
2. Alfred Ancel, *Le Prado. La spiritualité apostolique du P. Chevrier*, Cerf, 1982, p. 14.
3. Allocution de Jean-Paul II. Rencontre avec la famille pradosienne, *Doc. Cath.*, 2 novembre 1986, n° 1927, p. 1006.

brille toujours dans nos mémoires et dans notre prière, un ensemble d'exemples magnifiques qui nous réjouit et nous stimule ; mais nous serions bien sots de nous en vanter. C'est la société actuelle qui attend d'être aimée et servie. Nous savons que le Seigneur nous envoie dans le monde présent avec les mots qu'il a dits à saint Pierre : « Avance au large et jetez les filets[4]... »

C'est aujourd'hui qu'il faut laisser le Saint Esprit agir en nous et nous suggérer des initiatives nouvelles et adaptées. Il est une puissance d'amour et de renouveau infinie en ressources. J'ai vu des jeunes venir avec des projets d'évangélisation, étranges pour moi et vraiment nouveaux, fruits de leur génération. Ils savent communiquer leur foi et faire connaître le Christ par la musique et les réseaux informatiques.

Nous avons à vivre et semer l'Évangile dans des circonstances difficiles, moins favorables, parfois hostiles, qui ne doivent ni nous décourager ni même nous impressionner.

Un jour que je donnais à une personne le livret des martyrs de Lyon, en lui disant : « Voilà la plus belle page de l'Église de Lyon », je me suis entendu répondre : « Non, dites plutôt la première, car la plus belle, elle est à venir, elle est encore à écrire. »

---

4. Luc 5, 4.

Le P. Chevrier peut aider la grande Église de Lyon à devenir petite, sans cesser d'être ardente, missionnaire, intrépide dans son élan à semer la joie de l'Évangile, parce qu'elle s'en nourrit fidèlement. Nous avons la conviction simple que faire connaître les Béatitudes c'est offrir un trésor aux hommes, une perle, une source de bonheur. Benoît XVI, en s'inspirant d'une phrase de saint Paul, a plusieurs fois dit que la tâche du pasteur dans l'Église, ou du chrétien dans la société, c'est « un service rendu à la joie, à la joie de Dieu qui veut faire son entrée dans le monde[5]. »

Voilà la grâce que nous pouvons demander ensemble, durant cet automne 2006, sur le chemin qui va de la fête du *Poverello*, le pauvre d'Assise, le 4 octobre, à l'accueil du tout petit enfant de la crèche, dans la nuit de Noël.

Lyon, le 2 octobre 2006,
en la fête du Bienheureux
Antoine Chevrier.

5. Cf. 2 Cor 1, 24.

Annexes

Ô Verbe ! Ô Christ !

Ô Verbe ! Ô Christ !

Que vous êtes beau ! Que vous êtes grand !

Qui saura vous connaître ? Qui pourra vous comprendre ?

Faites, ô Christ, que je vous connaisse et que je vous aime.

Puisque vous êtes la lumière,

laissez venir un rayon de cette divine lumière sur ma pauvre âme,

afin que je puisse vous voir et vous comprendre.

Mettez en moi une grande foi en vous,

afin que toutes vos paroles soient pour moi

autant de lumières qui m'éclairent et me fassent aller à vous,

et vous suivre, dans toutes les voies de la justice et de la vérité.

Ô Christ ! Ô Verbe !

Vous êtes mon Seigneur, et mon seul et unique Maître.

Parlez, je veux vous écouter et mettre votre parole en pratique.

Je veux écouter votre divine parole
parce que je sais qu'elle vient du ciel.
Je veux l'écouter, la méditer, la mettre en pratique,
parce que dans votre parole, il y a la vie, la joie, la paix et le bonheur.

Parlez, Seigneur, vous êtes mon Seigneur et mon Maître
et je ne veux écouter que vous.[1]

1. Antoine Chevrier, *Le Véritable Disciple,* éd. P.E.L., 1968, p. 108.

Connaître l'Évangile

À quoi sert l'Évangile, si on ne l'étudie pas?

Pour bien connaître l'Évangile, il faut entrer dans les petits détails de chaque fait, de chaque action, c'est là que nous trouvons la sagesse.

Quand on passe dans une rue et que l'on voit une belle maison, on la regarde en passant et l'on dit: voilà une belle maison; on ne la voit que de l'extérieur, on ne se rend pas compte de tout ce qu'il y a dedans, de tout ce qu'il y a d'arrangement, de beauté, de commodités, etc. On passe, on regarde, on dit: c'est beau, voilà tout; on ne s'en sert pas. Mais si on entre dedans et que l'on visite chaque étage, chaque pièce, on peut admirer l'ordre, la beauté intérieure, l'ordonnance parfaite.

Ainsi de l'Évangile. Beaucoup le regardent et disent: c'est beau et ne sont pas entrés dedans pour en examiner les beautés intérieures et ne peuvent s'en servir, en jouir et mettre à leur usage les choses qui s'y trouvent.

Pour connaître une maison, il faut y entrer et mettre à son usage les chambres qui la composent.

Pour connaître l'Évangile, il faut y entrer, voir les détails et mettre en pratique les choses que nous y trouvons; et nous n'y avons qu'à y entrer un peu, à étudier ses détails pour comprendre de suite combien cette maison est belle, grande, parfaite. C'est véritablement la maison de la Sagesse[1].

---

1. *Le Véritable Disciple*, op. cit., pp. 516-517.

Ouvrir sa porte

L'Esprit Saint dit quelque part qu'il se tient à la porte et qu'il frappe. Il dit encore plus : il dit qu'il pousse la porte pour entrer : « Voici que je me tiens à la porte et je frappe[1] ». Notre cœur est donc comme une porte à laquelle le Maître frappe et par laquelle il cherche à entrer.

Or une porte peut être dans plusieurs positions. Et quand quelqu'un frappe à cette porte et que l'on vient voir pour ouvrir, on peut la laisser fermée et ne pas laisser entrer du tout ; on peut l'entrouvrir seulement et laisser à la porte ceux qui viennent ; on peut enfin l'ouvrir tout entière et laisser entrer ceux qui frappent. C'est aussi ce que nous pouvons faire à Jésus Christ, notre Maître, par rapport à la porte de notre cœur, quand il cherche à entrer.

Celui qui n'ouvre pas sa porte est celui qui refuse de laisser entrer le Maître et qui refuse entièrement de

1. Apocalypse 3, 20.

recevoir son Maître pour le suivre, qui préfère suivre ses idées, ses passions, le monde.

Celui qui n'ouvre qu'à moitié est celui qui écoute sans laisser entrer entièrement le Maître chez lui, il reste maître de la porte, il reste maître chez lui, il ne veut recevoir personne, il reste maître de sa maison et de son cœur. Il écoute mais il en prend ce qu'il veut, il en fait ce qu'il veut, il en prend ce qui lui convient et laisse le reste qui ne lui plaît pas. Il reçoit le Maître avec réserve et prudence et il écoute plus sa raison, ses petites passions qui sont ses maîtres, que le Maître véritable qui veut entrer, il se défie, il a peur, il n'ouvre qu'à moitié son cœur. Et le Maître ne peut entrer pour gouverner comme il devrait le faire.

Le dernier ouvre sa porte entièrement et laisse entrer chez lui le Maître qui frappe. Il est heureux de le recevoir et de lui donner une place d'honneur, il l'écoute avec bonheur et il n'a qu'un désir, c'est de comprendre ce qu'il dit et de le mettre en pratique. Il ne discute pas, mais il cherche comment il pourra pratiquer ce qu'il entend. Il se tient en esprit au pied de son maître, comme Marie, et il ne se laisse prendre ni par le raisonnement ni par les passions qui le révoltent. Le Maître parle, il n'a pas d'autres pensées, d'autres désirs que de comprendre ce qu'il entend et de le mettre en pratique, d'en nourrir son âme. C'est l'amour qui le guide et rien autre chose. Il veut entrer dans le Royaume des cieux, c'est là tout son désir. Il foule aux pieds tout ce que la raison et les passions peuvent lui dire. Il n'a que Jésus Christ pour Maître et ne veut suivre que lui[1].

---

1. *Le Véritable Disciple*, op. cit., pp. 124-126.

Devenir un autre Jésus Christ

Notre union à Jésus Christ doit être si intime, si visible, si parfaite que les hommes doivent dire en nous voyant : voilà un autre Jésus Christ ! Nous devons reproduire, à l'extérieur et à l'intérieur, les vertus de Jésus Christ, sa pauvreté, ses souffrances, sa prière, sa charité. Nous devons représenter Jésus Christ pauvre dans sa crèche, Jésus Christ souffrant dans sa passion, Jésus Christ se laissant manger dans la sainte Eucharistie[1].

Il faut que l'on voie Jésus Christ dans tout notre extérieur. Tout notre être doit révéler Jésus Christ[2].

Il faut devenir un autre Jésus Christ visible[3].

Imiter Notre Seigneur, suivre Jésus Christ, devenir un autre Jésus Christ sur la terre, voilà le but que je me suis proposé depuis le commencement[4].

---

1. *Le Véritable disciple*, op. cit., p. 101.
2. *Ibid.*, p. 197.
3. Manuscrit X, p. 38.
4. Lettre à l'abbé Dutel, 1869, in Antoine Chevrier, *Écrits spirituels*, choisis et présentés par Yves Musset, Cerf, Paris, 2005, p. 40.

L'esprit de Dieu, c'est tout !

Ô mon Dieu, donnez-moi votre Esprit, c'est la prière que nous devons faire continuellement et toujours, à chaque instant. L'Esprit de Dieu, c'est tout ! Si nous en sommes animés, nous avons tout, possédons toutes les richesses du ciel et de la terre.

Mais il faut le demander avec l'intention réelle de le recevoir, avec la volonté de faire tout son possible pour l'acquérir, avec la volonté de faire tous les sacrifices possibles et exigés pour l'avoir et le recevoir ; autrement nous ne pourrons le recevoir et Dieu ne pourra nous le donner.

L'Esprit de Dieu n'est ni dans la règle positive, ni dans les formes, ni dans l'extérieur, ni dans les habits, ni dans les règlements ; il est en nous, quand il nous est donné. On entend ce son, mais on ne sait ni d'où il vient ni où il va ; il souffle où il veut. Il nous vient au moment où nous nous y attendons le moins. Quand nous le cherchons, nous ne le trouvons pas ; quand nous ne le cherchons pas, nous le trouvons ; il est indépendant de notre volonté, du moment, du temps et de l'heure ; il vient quand il veut, à nous de le recevoir quand il vient.

Il a la liberté d'action, et il est indépendant de nous, mais il se communique à nous quand nous y pensons le moins ; il n'est pas dans le raisonnement ni dans l'étude, ni dans les théories, ni dans les règles ; il est le feu divin qui bouge toujours, qui s'élève en haut de manière irrégulière, il se montre et il disparaît, comme la flamme du bois ; il faut le prendre et s'en réjouir quand il se montre et le conserver toutes les fois qu'il se communique à nous[1].

Comment on peut acquérir l'Esprit de Dieu ? En étudiant le Saint Évangile et en priant beaucoup. Il faut d'abord lire et relire le Saint Évangile, s'en pénétrer, l'étudier, le savoir par cœur, étudier chaque parole, chaque action, pour en saisir le sens et le faire passer dans ses pensées et dans ses actions. C'est dans l'oraison de chaque jour qu'il faut faire cette étude et qu'il faut faire passer Jésus Christ dans sa vie[2].

---

1. *Le Véritable Disciple*, op. cit., p. 511.
2. *Ibid.*, p. 227.

Prière du P. Chevrier devant la crèche

Ô Jésus qui avez poussé l'amour de la pauvreté jusqu'à vouloir naître dans une étable, n'ayant pour berceau qu'une misérable crèche et qu'un peu de paille pour couchette, accordez-moi la grâce d'aimer la pauvreté et de mépriser tous les biens de la terre pour ne plus m'attacher qu'aux biens impérissables du ciel. Faites que je comprenne bien cette parole de votre Évangile : "Bienheureux les pauvres en esprit, parce que le Royaume des Cieux est à eux !"

Ô Marie ! Ô la plus pauvre des servantes du Seigneur, priez pour moi afin que mon cœur se détache des biens de la terre et qu'étant bien vide de toutes les choses de ce monde, il puisse s'enrichir des trésors de la grâce et se remplir de toutes les vertus.

Permettez-moi de m'agenouiller au pied de la crèche pour y adorer l'Enfant Jésus. Laissez-moi contempler ce petit Enfant, ce Jésus des petits et des pauvres, ce Trésor de ceux qui n'ont point, ce Pain délicieux des misérables qui sentent leur indigence, ce Pasteur des brebis perdues qui vient leur ouvrir le bercail de sa miséricorde.

Et vous, bienheureux Saint Joseph qui préparez avec amour le berceau de l'Enfant Jésus dans cette pauvre étable, aidez-moi à préparer mon cœur qui est destiné à être la demeure du divin Enfant et que je supplée ainsi par ma ferveur et mon amour à mon dénuement et à ma pauvreté.

Puissé-je, à l'exemple des bergers, être toujours prêt à venir dans cette étable bénie pour y reconnaître et y adorer Celui que les anges adorent et contemplent dans le Ciel. Puissé-je aussi, à l'exemple des rois mages, être fidèle à la grâce de Dieu, surmonter avec courage les difficultés qui s'opposent à mon union avec Lui et apporter comme eux au divin Enfant les présents de mon esprit par la foi, de mon cœur par l'amour, de mon corps par l'obéissance.

Et vous, Saint Enfant Jésus, que j'aime à vous voir, à vous contempler dans ce pauvre lieu ! Comme vous avez bien fait de naître dans cette étable ! Là, votre accès est facile, tout le monde a le droit de venir vous visiter et vous le voulez ainsi pour recevoir tout le monde. Si vous naissez ainsi pauvre, c'est pour m'apprendre que le premier pas dans la vie parfaite est la pauvreté. Je l'embrasse donc avec joie et amour. Cette belle pauvreté, je veux en faire ma vertu chérie. Ce sera la première de mes vertus. Puisque c'est par elle que vous venez à moi, c'est aussi par elle que je veux aller à vous[1].

---

1. Le Rosaire du P. Chevrier, troisième mystère joyeux, cahier 5/4.

Devenez des saints

Mes chers enfants, il faut devenir des saints.

Aujourd'hui, plus que jamais, il n'y a que les saints qui pourront régénérer le monde, travailler utilement à la conversion des pécheurs et à la gloire de Dieu...

Oh ! que les saints faisaient de belles choses sur la terre ; comme ils étaient agréables à Dieu et utiles au prochain. Les saints sont la gloire de Dieu sur la terre ; ils sont l'expression vivante de la divinité ici-bas ; ils sont la joie des anges et le bonheur des hommes.

Un saint, c'est un homme qui est uni à Dieu, qui ne fait qu'un avec lui, qui demande à Dieu, qui parle à Dieu et à qui Dieu obéit. C'est un homme qui a tous les pouvoirs de Dieu en sa main, c'est un homme qui remue l'univers quand il est bien uni au Maître qui gouverne toutes choses.

Les saints sont les hommes les plus puissants de la terre ; ils attirent tout à eux, parce qu'ils ont la charité, la lumière de Dieu, la fécondité de l'Esprit Saint. Ils ont la richesse de Dieu qu'ils distribuent à tous les hommes ; ce sont les économes du bon Dieu sur la terre.

Et il faut, mes chers enfants, que vous deveniez des saints ; il faut que vous deveniez des lumières pour conduire les hommes dans le bon chemin, du feu pour réchauffer les froids et les glacés, des images vivantes de Dieu sur la terre pour servir de modèles à tous les chrétiens.

Ô mes chers enfants, travaillez à devenir des saints. On ne le devient pas tout de suite ; il faut y travailler longtemps et dès le commencement de la vie ; c'est une grande tâche à remplir, un but bien élevé à atteindre ; mais il faut y arriver pour devenir de bons prêtres. Un prêtre qui n'est pas un saint fait peu de bien parmi les âmes et il faut, vous surtout, le devenir[1].

---

1. Lettre à ses séminaristes, 1872, citée dans Antoine Chevrier, *Écrits spirituels*, op. cit., pp. 123-124.

Les 8 et 10 décembre 1872

Nous avons eu à Lyon, le 8 [décembre], une fête bien solennelle, l'illumination a été très brillante et complète, au dire de tout le monde. Ce qui a été édifiant surtout, a été les deux processions qui sont montées à Fourvière : la première, de femmes, composée de près de 20 000 personnes, et celle des hommes, de 3000, sans compter ceux qui sont montés à Fourvière isolément, en groupe ou en famille. Ce témoignage de foi et de reconnaissance touchera le cœur de Dieu et préservera notre pauvre France de nouveaux malheurs. Continuez à prier, chers amis, pour l'Église, la France et notre Ville, afin que le « règne de Dieu » nous arrive.

Le 10 décembre, nous avons eu une fête particulière, l'adoration perpétuelle du Saint-Sacrement. Nous avons fait coïncider cette fête avec le jour de notre prise de possession du Prado. Il y a douze ans à pareil jour, je pris possession de ce lieu ; c'était le jour de la solennité de l'Immaculée Conception, et, en même temps, le jour de Notre-Dame de Lorette ; n'ayant d'autres ressources et d'autre appui que la confiance en Dieu, convaincu que si je donnais le pain spirituel aux âmes, Dieu nous donnerait le pain matériel. Je tremblais bien ce jour-là, Dieu me cachait bien des peines et des tribulations. Depuis ce temps, il s'est passé bien des choses dans ce lieu ; quelques âmes s'y sont converties, c'était là tout mon désir ; on y a beaucoup travaillé et peu fait d'ouvrage.

Toutefois, au milieu de tout cela, j'ai toujours demandé à Dieu qu'il fît naître un noyau de prêtres, pauvres et dévoués, qui n'aient d'autres pensées et d'autres désirs que de se dévouer au salut des âmes, à la gloire de Dieu, en vivant dans la pauvreté et le sacrifice. (...)

Ce 10 [décembre] dernier, j'ai donc bien pensé à vous, chers enfants, et j'ai demandé pour vous à Notre Seigneur, présent sur l'autel, que vous fussiez tous les premiers de cette offrande que je lui faisais de la maison, de nos personnes et de ces pierres spirituelles qui doivent le service d'esprit et de cœur[1].

1. *Antoine Chevrier, Lettres inédites*, op. cit., pp. 62-64.

Indications bibliographiques

Allant de l'ouvrage le plus simple au plus technique pour faire connaissance avec le P. Chevrier, on peut trouver en librairie :

- *Prier avec Antoine Chevrier*, éd. du Signe, Strasbourg, 1999, 47 p.
- *Antoine Chevrier, Lettres inédites,* présentation de Yves Musset, *Le P. Chevrier fondateur du Prado à travers sa correspondance,* Parole et Silence, Paris, 2006, 156 p.
- Christian Delorme, *Prier quinze jours avec le Père Chevrier*, Nouvelle Cité (à paraître fin 2006).
- Pierre Berthelon, *Antoine Chevrier, prêtre selon l'Évangile*, 1826-1879, Le Centurion, Paris, 1986, 143 p.
- Alfred Ancel, *Le Prado. La spiritualité apostolique du Père Chevrier*, Cerf, 1982, 258 p. (novembre 2006).
- *Antoine Chevrier, Le chemin du disciple et de l'apôtre, Textes du Fondateur du Prado,*

présentation de Yves Musset, Préface de Robert Daviaud, Parole et Silence, Paris, 2004, 344 p.

- Yves Musset, *Le Christ du Père Chevrier*, coll. Jésus et Jésus Christ, 81, Desclée, 2001, 257 p.
- Damiano Meda, *Suivre Jésus Christ dans la vie et les écrits du bienheureux Antoine Chevrier (1826-1879)*, Le Cerf, Paris, 2004, 300 p.

On peut trouver en dépôt, à Lyon, à la librairie Saint-Paul et à la Procure :

- Antoine Chevrier, *Le Véritable Disciple,* introduction et note de Pierre Berthelon, éd. P.E.L., Lyon, 1968, 558 p.

On peut trouver au Prado (13, rue Père Chevrier, 69007 Lyon) :

- Henriette Waltz, *Le Père Chevrier, un pauvre parmi nous*, Cerf, Paris, 1986, 189 p.
- *Prêtres du Prado*, n° 89, juillet 2006, 98 p.
- Antoine Chevrier, *Le Véritable Disciple,* Introductions et notes de Pierre Berthelon, P.E.L., Lyon, 1968, 558 p.

Table des Matières

Introduction 5

Première Partie

I. Dans l'histoire du diocèse de Lyon 13
II. Après l'Année de la Mission 21
III. La figure du P. Antoine Chevrier (1826-1879) 27
IV. Automne 2006 39

Deuxième Partie

V. Ouvrir l'Évangile 47
VI. Suivre le Christ de près 57
VII. Être pauvre pour servir les pauvres 71
VIII. Désirer des prêtres et les former 81
IX. Aimer l'Église .93
X. Renouveler la catéchèse 101

Conclusion 113

Annexes

Ô Verbe ! Ô Christ ! 121

Connaître l'Évangile 123
Ouvrir sa porte 125
Devenir un autre Jésus Christ 127
L'Esprit de Dieu, c'est tout 128
Prière du P. Chevrier devant la crèche 130
Devenez des saints 132
Les 8 et 10 décembre 1872 134

Indications bibliographiques 137

Composition et mise en pages réalisées par
Sud Compo - 66140 - Canet en Roussillon